U1070842

读行者

从阅读走进现实

knowledge-power

k n o w l e d g e - p o w e r

读 行 者

傳記文學書系

問學諫往錄

萧公权◎著

传記文學書系编委会

主编

彭明哲 曾德明

编委

赖某深 龚昊 蒋浩

李郑龙 于向勇 秦青

岳麓書社·长沙

博集天卷 CS-BOOKY

图书在版编目（CIP）数据

问学谏往录 / 萧公权著. —长沙：岳麓书社，2017.12
ISBN 978-7-5538-0756-0
Ⅰ. ①问… Ⅱ. ①萧… Ⅲ. ①萧公权（1897—1981）—回忆录 Ⅳ. ①K825.46
中国版本图书馆CIP数据核字（2017）第150513号

著作权合同登记号：图字18-2016-140号

WENXUE JIANWANG LU
问学谏往录

作　　者：萧公权
责任编辑：龚　昊
监　　制：于向勇　秦　青
特约策划：康晓硕
营销编辑：刘晓晨　罗　昕　刘　迪
装帧设计：张丽娜
岳麓书社出版发行
地址：湖南省长沙市爱民路47号
直销电话：0731-88804152　88885616
邮编：410006
2017 年12月第1版第1次印刷
开本：700毫米×995毫米　1/16
印张：15
字数：200千字
书号：ISBN 978-7-5538-0756-0
定价：45.00 元
承印：北京柏力行彩印有限公司

若有质量问题，请致电质量监督电话：010-59096394
团购电话：010-59320018

总序

岳麓书社依据台湾的《传记文学》，分类编纂，陆续出版“传记文学”书系，这是两岸文化交流史上的大事，是中国近代史和中华民国史研究的大事、喜事。

1962 年 2 月 5 日，时值春节，曾在北大读书的刘绍唐向当年的校长胡适拜年，谈起胡适长期提倡传记文学，而始终未见实行，向老师透露，自己正准备创办《传记文学》月刊。胡适虽肯定其志，却以为其事甚难，办月刊，哪里去找这么多“信而有征”的文字，因此不大赞成。不料当年 6 月 1 日，绍唐先生主编的《传记文学》竟在台北出刊了。自此，直到 2000 年 2 月 10 日，绍唐先生因病在台北去世，历时 38 年，共出版 453 期。每期约 30 万字，453 期就是约 13590 万字。此外，传记文学出版社还出版了“传记文学丛书”和“传记文学丛刊”，其中包括《民国人物小传》《民国大事日志》等许多民国历史方面的著作。

尽人皆知，绍唐先生没有任何背景，不接受任何政治集团、经济集团的支持，只身奋斗，孤军一人，却做出了台湾官方做不出的成绩，创造了中国出版史上不曾有过的奇迹。因此，绍唐先生被尊为“以一人而敌一国”，戴上了“野史馆馆长”的桂冠。

我在大学学习中国文学，毕业后业余研究中国哲学，1978 年 4 月，调入中国社科院近代史研究所，参加《中华民国史》的编写，自此，即与绍唐先生的《传记文学》结下不解之缘。在众多历史刊物中，《传记文学》最为我所关注。但是，我和绍唐先生相识则较晚，记得是在1995年9月，纪念抗战胜利50周年之际。当时，台湾史学界在台北召开学术讨论会，我和其他大陆学者31人组团越海参加。这是海峡两岸学者之间交流的起始阶段，有如此众多的大陆学者同时赴会，堪称前所未有的盛事。我向会议提交的论文《九一八事变后的蒋介石》，根据毛思诚所藏《蒋介石日记类钞》未刊稿本写成。当时，蒋介石日记存世一事，还不为世人所知，绍唐先生很快通知我，《传记文学》将发表该文。9月3日，闭幕式晚宴，由绍唐先生的传记文学出版社招待。各方学者，各界嘉宾，济济一堂。我因事略为晚到，不料竟被引到主桌，和绍唐先生同席。那次席上，绍唐先生给我的印象是热情、好客、豪饮。次年，我应"中研院"近史所所长陈三井教授之邀访问该所，在台北有较多停留时间。其间，我曾应绍唐先生之邀，到传记文学出版社参观。上得楼来，只见层层叠叠，满室皆书，却不见编辑一人。绍唐先生与我长谈，详细介绍《传记文学》创刊的过程及个人办刊的种种艰辛。绍唐先生特别谈到，办刊者必须具备的"眼力""耐力""定力"等条件，可惜，我没有记日记的习惯，未能将绍唐先生所谈追记下来，至今引为憾事。绍唐先生交游广阔，文友众多，因此宴集也多。每有宴集，绍唐先生必招我参加，我也欣然从远在郊区的南港住所赴会。许多朋友，例如旅美华人史学家唐德刚等都是在这样的场合下认识的。在台期间，台北史学界为纪念北伐战争70周年，召开北伐及北伐史料讨论会，我根据原藏俄罗斯等处的档案，撰写《1923年蒋介石的苏联之行及其军事计划》一文参加，绍唐先生不仅到会，而且当场确定《传记文学》将发表拙文。我离开台北前，绍唐先生再次将我引到他的藏书室，告诉我，凡传记文学出版社出版的图书，喜欢什么就拿什么。我因为近史所已赠我大量出版物，又不好意思，只挑选了《陈济棠自传稿》《傅孟真先生年谱》《朱家骅年谱》和李济的《感旧录》等有限几种，回想起来，至今仍觉遗憾。

绍唐先生自述，他有感于“两岸的文士因为历史原因等种种关系，许多史实难免歪曲”，因此，创办此刊，以便“为史家找材料，为文学开生面”。我觉得，绍唐先生的这两个目的，比较成功地达到了。政治对学术，特别是对历史学的干预，古已有之，但是，学术特别是以真实为最高追求目标的历史学，又最忌政治和权力的干预。绍唐先生在台湾的白色恐怖余波犹在的年代，能够不怕“因稿贾祸”，创办刊物，发行丛书，保存大量中国近代史特别是民国史资料，供千秋万代的史家和史学爱好者采用，这是功德无量的盛事、盛业。刊物虽标明“文学”，但是，取文、选文却始终恪守历史学的原则，排斥任何虚构和想象，这也是值得今之史家和文家们借鉴和注重的。

绍唐先生去世后，《传记文学》由中国新闻界的前辈成舍我先生的后裔续办，至今仍是华人世界中的著名历史刊物，衷心希望绍唐先生的事业和精神能长期传承，永放光彩，衷心希望“传记文学”书系的出版，能得到读者的喜欢，助益历史学的繁荣和发展。

杨天石

2015 年 5 月于北京东城之书满为患斋

凡例

一、原文的繁体竖排改成简体横排。

二、原文中脱、衍、讹、倒之处，均径改，不另加注说明。

三、原文中专名(人名、地名、书名等)及其译名皆一仍其旧，其中或有跟现今通行者有较大区别，而可能导致阅读障碍的，由编者加注进行说明。

四、原文中词语与标准用法有不同者，为尊重作者用语习惯及时代与地域差异等，不做修改，一仍其旧。

五、原文中标点符号的使用有不统一及不符合标准用法的，一仍其旧，其中或有可能导致阅读障碍的，由编者重新标点。

六、原文中的汉字数字不予变为阿拉伯数字，个别阿拉伯数字也不再统一为汉字。但注释部分为统一体例，版本年代及页码均采用阿拉伯数字，以便明晰。

七、所引文章中的纪年，1949 年 10 月 1 日前的民国纪年一仍其旧，1949 年 10 月 1 日后均采用公历纪年。

八、原文中 1949 年 10 月 1 日前对于中国共产党和国民党政治机构及职务的称呼均予保留，只对个别明显不符合历史事实的文字做了必要的删改。

九、原文中 1949 年 10 月 1 日中华人民共和国成立后，台湾地区自称“中国”“政府”及其政治机构、职务名称、“涉外”用语等，本书均加引号，以示区分。

十、原文中由于作者政治立场等原因，本书做了极个别的删节，不另加说明。但为保留资料的完整性，尊重原文及作者观点，文中难免偶有不妥之处，相信读者自能甄别分辨。

目录

引言

几年以前刘绍唐先生来信约我为《传记文学》写稿，要我叙述个人求学和教学的经历以为“后进”的参考。惭愧得很，我一再迁延，久久不曾下笔。今年夏天我从华盛顿大学退休，结束了四十二年的教学生涯，于是鼓起勇气，趁着这新获得的一些闲暇，着手写稿。自知一生毫无建白，不但谈不到“立德”“立功”，便“立言”也不能做到。数十年来在国内外的教室里东拉西扯，不能算是讲学；东涂西抹，耗费了不少的纸墨，也不能成“一家言”。我这样的人是没有资格，没有理由写自传的。然而自念七十年来所受于亲长师友扶持栽培之恩，至深且大。若能向《传记文学》的读者做一简略的报告来纪念他们，或者可以勉强作为我对他们一点细微的报答。他们对我期望甚殷，我的“成就”远不符他们的期望。追述我求学教学的经历实际上就是检讨我种种的不长进。年过七十，往者既不可谏，来者也少可追。我这篇《问学谏往录》既不成为传记，也不够文学的水准，充其量或者可以作为青年学子“前车之鉴”罢了。篇中涉及一些琐细事情的回忆，在一个平庸人的经历当中虽不是没有意义的，但实在都无关宏旨，更不免索然寡味。我谨向读者告罪，并且恳求他们宽恕、原谅。

一九六八年九月十五日

一、家乡与家世

我们萧家的祖籍是江西省中部偏西位于赣江西岸的泰和县，但我却出生于江西南部离梅岭不远的南安县（今名大余县）。那时先祖父星北公任南安县教谕。先父丕侯公、先母汤夫人和两位未出嫁的姑姑随侍在任所。我出生的日期是光绪二十三年（丁酉）十一月初六日，当公历一八九七年十一月二十九日。〔民国三十七年（一九四八）夏末我在南京办理出国手续，外交部的职员在我的护照上把十一月误写作十二月。我只好将错就错，把生日改晚一个月。〕先母生了我约一个月，不幸便病故了。这没有母亲的婴儿由两位姑姑带养。不久以后先祖辞官回籍，两位姑姑先后出嫁。到我六岁的时候先祖弃养，先大伯父唐侯公、先四叔烈侯公、先五叔威侯公从四川省奔丧回籍，会同先父办理丧葬大事。大伯父见我乏人领带（先父尚未续娶），他那时还没有儿子，商得先父同意，于丧葬完毕后带我同他去四川西部的崇庆州（两年后搬到川东的重庆“巴县”）。于是我便永远离别了故乡。因为我久居重庆，至今说话还带着一点川东的口音。泰和的“方言”虽能听懂，却不会说。无怪有些人误认我是四川人了。

泰和县北门外和西门外的乡间有两个同姓不同宗的萧族。我们这一族世居县西的千秋乡上田村。照族谱的记载，我们的远祖是西汉第一任的宰相萧何。（其实年湮代远，这是否事实，无法确定。）居住在河南省的后裔，于北宋末年南迁，在泰和县落籍。上田村地势不高，赣江每三五年泛涨一次。村里的住户（全是萧姓族人）照例避居楼上，水退之后才能下楼。好在准备有素，因涨水而受到的损失并不严重。这种楼居避水的生活我尚约略能够想起。

上田萧族人口众多。村中的建筑除各房各家大小不一的住宅外，还有几座合族及分房的祠堂和族曾祖蒲郇公创议兴建的藏书楼一所。据梅谷教授 Professor Franz Michael 说，抗日战争爆发不久之后，浙江大学避寇内迁，曾在泰和县停留了一些时候。随校迁徙的教职员、学生借用上田村萧族的“公”“私”房屋作为临时的教室和宿舍。（他那时在浙大任教，后来到美在华盛顿大学任教。）我们的族人多数守着传统习惯，或耕或读。“治举业”的虽大有人在，但中乡举或进士的却为数无多。我的一位族兄（名焱文）读书“过目不忘”，经史百家的书籍，多能随口背诵。但十几岁“入学”以后便“困于场屋”，毫无进展。先祖父“入泮”以后，屡试不第，因此绝意仕进，并鼓励子侄辈弃儒就商。

萧族在“功名”上虽少成就，在商业上却有不寻常的发展。嘉庆、道光年间有几位祖先开始沿长江西上，远入川西，往来贩运各地物产。长期努力经营，业务逐渐扩大。到了光绪中叶，“怡丰号”成了一个著名的商号。华西、华中各地（包括重庆、汉口、长沙、扬州）都有分号。怡丰号除大规模运销长江上下游各省出产的重要商品以外，也兼营淮岸官盐的运销。我的儿童时代正值业务盛极将衰的时期。这坐落在重庆城内陕西街的商号只经营大宗批发，并不做“门市生意”，因此怡丰号的建筑格式与一般商店不同。这是一幢广庭深院、高楼大厦的建筑。前门开向陕西街，后门开向曹家巷。重庆是一座山城，曹家巷的后门是在最后一进房屋二层楼的背面。前几进的房屋是重庆分号的“办公室”“会客室”“餐厅”，和“店员”“学徒”、各项仆人等的“宿舍”。后几进的房屋是分号老板（经理）和家属的住宅。光绪三十年（一九〇四）大伯父由崇庆州分号经理升任重庆分号经理。我随着他全家迁居陕西街的住宅，直到宣统元年（一九〇九）怡丰号决定歇业，才搬出去，在城内玉带街马家巷一处较小的宅子居住。陕西街住宅最令我留恋的地方是最后一进三楼左侧一个面积十余方丈宽大平坦的“屋顶花园”。天气晴朗时大姐、二姐（大伯家的两个女儿）和我常常上去玩耍眺望。重庆南岸的山岭、江上往来的船舶都清晰可见。陕西街房屋各处门上、厅柱上有不少石刻或木刻的对联。我现在尚能忆及的只有两副：其一是“谱传酂国，派衍兰陵”；另一副是“文习六经，武习七经，历代勋猷有师法；男修九德，女修四德，一家雍肃得光昭”。民国二十六年（一九三七）秋末我避日寇，由北平经济南、汉口到重庆，在马家巷的旧宅暂住了一月余。那时大伯父、大伯母早已弃养，大姐、二姐也都早已出嫁。大姐夫蒲叔葆（名殿位，是曾任一九〇九年十月中旬开幕的四川省谘议局议长蒲殿俊的三弟）也已经病殁。大姐带着一儿一女寄居于此。畅话家常，不胜感叹。陕西街怡丰号的旧址租给了宪兵第三团。我曾在陕西街上走过一次，只好“过门不入”了。

怡丰号歇业，据我推测，有两个主要原因。其一是“庚子拳乱”以来全国的政治、社会和经济情形都在转变。旧式的商业，无论其规模怎样宏大，逐渐不能应付新局势。其二是怡丰号是一个纯粹“家庭”企业的组织。萧氏族人志愿经商经过“学徒”式的训练而有成就的都可以参加业务，升任各分号的“老板”。他们与雇用的店员并肩工作，但他们不是雇员而是“所有人”。他们既然有决定业务方针的力量，他们的行动便直接影响业务的盛衰。在开创和发展的时期，一些兼具“股东”和“经理”身份的族人大都小心谨慎，克勤克俭，努力工作。但是后继的人丰衣足食，甚至“养尊处优”，忘记了前人创业的辛苦艰难，不仅不能尽心于业务，甚至沾染浮华，从事挥霍。于是营业渐趋不振。主持总号的族曾祖篠泉公相机立断，在辛亥革命的前两年决定停业。正式停业的那天派人在一片爆竹声中把高悬在陕西街前门上写着“怡丰”两个金字的横额取了下来，结束了一百多年缔造成功的商号。

萧氏族大人多，但与我接触较多，给我印象最深的是“本房”的几位尊长和弟兄。先祖母在我出生前已经去世。先祖父因我孩提失母，颇为怜爱。两位姑姑出嫁以后，他对我更加着意照料。天气晴朗的时候他时常领我到村中各处散步，一面走一面讲些往古名人的事迹。走到村里的“市街”照例买一点糖果给我吃。他逝世时得年不过六十一二岁。某一天下午客人来访，他送客出门以后，端坐在中堂的椅上“无疾而终”。童蒙无知的我还要拉他起来，带我同去散步。

大伯父自幼习商，四十多岁的时候升任怡丰号重庆分号的经理。这是一个极重要的职位。他办事精明，交游广泛，商界人很少不认识或不知道“三老板”。（他有两个堂兄，冠侯和定侯。因此他虽是先祖父的长子，却排行第三了。）在怡丰号停业若干年前，他捐了一个“候补道”，并曾晋京“引见”。当地的长官，川东兵备道、重庆知府、巴县知县，到任以后照例到怡丰号来拜访，此外也偶尔互相往来。这种亦商亦官，以及官商互通声气的情形，在十九世纪以前尚不多见，在十九世纪中叶以后却逐渐普遍了。

有一位卞小吾先生在那时重庆唯一的报馆当主笔。他尽情揭发当地官吏的“黑暗”，触怒了他们，被加上了“乱党”的“罪名”，逮捕入狱。他的太太与大伯母廖氏夫人相识，到怡丰号来求救。先伯父探明他并非乱党，便去拜访知府，代他疏解。不料这一来反断送了卞先生的性命。有人暗中指使管监牢的狱吏把他害死，却报称他“急病身亡”。

大伯父管教我甚为谨严。记得我在八九岁的时候，像一般淘气的儿童一样，时常嬉弄跳跑。有一次被他看见了便叫我站住，严词谴责说：“这样没规矩，不像一个斯文人，将来只好去抬轿。”后来见我读书尚知用心，有时候背着我称许我。他曾说：“可惜科举废了，否则举人进士这孩子应当有份的。”（他捐了道员之后，替我捐了一个“主事”，打算等我到了二十岁送我进京去“就职”。幸而不到三年，辛亥革命成功，我居然“无官一身轻”了。）他不惜重金，延师教读。虽然两位姐姐和我一同上学，他的主要目的还是在培植我。从我到崇庆州的那一年起，我和她们都在家里读书。民国三年（一九一四）的夏天我壮着胆向他表示，想去进新式的学堂肄业。他当时未置可否，但次年春末便亲自送我到上海去投考学堂。

我的父亲与我接触的时间较短。他似乎不曾参加怡丰号的业务。他的生活事迹我所知道的实在极少。光绪二十九年（一九〇三）他也住在崇庆州怡丰号的住宅内。那时他已续娶。我跟着我的生父和继母在那里同住了两年。当大伯父带着我去重庆时，先父、继母仍留在崇庆，两年之后才搬到重庆。当他三十二岁的时候，便因肺痨病殁于陕西街怡丰号住宅内。临终的前两天他叫我到他的床前低声地嘱咐我，大意说，“大伯父要你过房承继，我当然很放心，但也很舍不得。我平日时常出门在外，不能多照顾你，我现在追悔不及。我望你好好做人，好好读书。你如愿意经商也好。无论读书经商，总要脚踏实地，专心努力去做。此外我望你将来成家立业，要看重家庭，看重事业，不要学我的榜样。我多年来东走西奔，没有成就，于人于己都无益处”。十二岁的我在当时不能完全体会这些话的意义，虽然也感到伤心落泪。我虽不能做到他所期望于我的一切，但此后几十年生活的方向多少受了他遗嘱的影响。

丧葬完毕之后，继母命我帮助清理先父的书札和其他遗物。怡丰号某职员说“五老板”在堆栈中存有一个大木箱，并伴同我去开看，结果发现其中尽是在日本出版的《民报》。这许多本的革命刊物究竟从何而来？我无法知道。先父是否与同盟会通消息？或者他与同盟会并无关系，这些刊物是由别人交给他代为存放？平日和他来往的几个日本人是否与这一箱书有关？这些疑问都无解答。我当时童蒙无知，并不晓得《民报》是革命党的刊物。我拿去给我们的廖老师（大伯母的异母弟）看，他说：“这是要不得的，快快拿去烧掉。”我因爱这些刊物的内容奇异，印刷精美，偷着留存了一套（第一至第四期）背着人翻阅。其中不少“非常异义”看了不懂，不敢去问老师，只好存疑俟解。

七叔（在本房中排行第五）继大伯父任崇庆州分号老板。我在崇庆州的时候时常和他见面。他自己有四个儿子，但看待我同他们完全一样，买了玩具或糖果也同样给我一份。他虽然自幼参加怡丰号的业务，但对于传入中国不久的“西学”，尤其是“格致”发生了浓厚兴趣。江南制造局和欧美驻华教士等所译著的格致书籍（特别是关于化学的刊物）他尽力收集，细心研读。不久之后他竟能“无师自通”，做小规模比较简单的化学试验。在崇庆州住宅中辟了一间较大的房屋作为他的试验室，罗列了许多化学药品和仪器。他最大的成功是用科学方法酿造葡萄酒。他曾把他的出品送到汉口请专家鉴定，据说其品质不在烟台张裕公司出品之下，或者竟有过之。朋友们劝他出资设厂，扩大酿造，与张裕竞争。他也同意，着手进行。辛亥革命爆发，四川省内也发生了“护路”的风潮，大局动荡，筹备的工作便停顿下来。民国三年的秋天他突然病逝。一切都成了泡影，真是可惜。

长房的二伯父是上一辈不经商而入仕的一位。民国成立以后他退居上海度清淡的生活。民国四年（一九一五）我到上海进学堂，每逢暑假、年假都住在他家。后来凡从江西、四川，或他省族中子弟到上海求学而家不在上海的都承他留在家里度假。在民国六七年间同时留住的多到六人。加上他自己的四个儿子（长子伯昭曾留学日本和美国，短期从政后退居上海，其余三人在上海就学）整整是十个人。那时他已经从虹口搬到民厚里。楼下的寝室都成了“学生宿舍”。开饭时一老十少满满地坐了一大圆桌。他老人家管教子弟甚严，期望他们也甚殷。他气象严肃，不苟言笑。我们对他十分恭敬，但偶然间也大胆和他开玩笑。例如有一天他的第三子仲乐（我们叫他六哥）因下午在外面朋友家里吃了点心，回家晚饭时食量大减。他老人家便说：“平常骂人不中用，说这是个饭桶。假如一个人连饭都不能吃，那岂不是比饭桶还不如吗?”我们肃然静听，心照不宣。过后伯昭（我们叫他四哥，“五哥”不到十岁早死了）提议：“我们明天晚饭，一齐大显身手。”果然，届时菜饭上桌，全体落座，他老人家举起筷子说，“吃罢”，这十名健将“手到口到”，不到十分钟桌上的菜如风卷残云，一扫而空。他忍住了笑，把厨子叫来说：“菜不够吃，快添来吧。”民国七年（一九一八）夏天，我考取了清华学校，他十分高兴。听说我从上海到北京（后来改名北平）的路费还没着落（大伯父远在重庆），他立刻吩咐四哥去替我买好火车票，并给我一些零用钱。民国九年（一九二〇）夏天我在清华毕业，回到上海，准备赴美。他明知学校发给每名毕业生五百银元的治装费，却另外给我百元，表示他对我的奖许。我上船的那天，他又亲到码头来送我。不幸他在我回国的前两年病故。十五年（一九二六）秋初回到上海，我只能到他的墓前去“拜见”他了。

在嫡堂和从堂兄弟当中叔玉八哥（名蘧，二伯父的第三个儿子）给予我在学业上最大的指导和鼓励。民国四年五月间到上海就学的时候与他初次见面。他正在梵王渡圣约翰大学肄业，想叫我去投考圣约翰大学附属中学。他发现了我的英文程度太低，甚至英文字母都弄不清楚，便介绍我到在沪宁铁路局任职的一位宁波人黄先生家里补习。每天（星期日除外）清晨七点钟去受课一小时。这样补习了两个月，虽然“大有进步”，去投考时依旧“名落孙山”。他于是劝我去投考上海基督教青年会中学。因为这学校录取新生的水准较低，我居然考取了。民国七年夏天经他极力鼓励，我壮着胆去投考清华学校的三年级［他在民国五年（一九一六）先已考入清华］，也居然被录取了。民国九年（一九二〇）我在清华毕业。因为他在美国密苏里大学经济系毕业后进了那里的研究院同时任经济系的助教，我也决定去进密大，于是成了他的“同学”。一年之后，他转学哈佛，在那里也很得教授们的器重。因为要援救一位陷身美国牢狱的好友，他毅然牺牲了攻读博士学位的计划，用全力去筹措一切。（这位学法律的朋友出狱以后即行归国，颇能洁身自好，曾在江苏省某地方法院任职，总算没有辜负援救者的苦心。）叔玉回国后，先在天津南开大学任经济学教授。我十五年回国以后，承他向学校当局推荐，我也到了南开，与他“同事”了两年多。随后他应聘清华，成了系中的一位“名教授”。民国二十一年（一九三二），又经他的推荐，我从燕京大学转到清华，与他再度“同事”。抗战期间他受任为江西中正大学校长，不避艰辛，任劳任怨，极力整顿校务，提高教学水准。因此引起一部分教职员的反对，酿成“学潮”。他失望之余，辞职而去。就任之前他曾坚邀我去长法学院。我自知没有行政的才干，一贯抱只教书、不预政的主张，未曾应允。现在回想，不免感到惭愧。离开南昌（中正大学所在地）之后不久，他被派到美国任联合国中国代表团的经济专家。当我于一九四九年再度到美时，他已经在两年前因心脏病突发，在纽约逝世，“人天”隔绝，永无见面之日了。这一位热肠侠骨的学人，无论治学治事，都维持着精谨严慎的态度，不肯丝毫游移含混。记得我初到密苏里大学的那年，每日课余，时常见面谈论。有一次我不留心，用了“大概”“差不多”这一类的字样，他立刻正容规劝，要我从速抛弃这“中国人不长进的习气”。我虽然不曾完全扫除思想上或言辞上模棱的毛病，他的规劝，却至今未忘，使我受益不少。

嫡堂兄弟八人当中我和七叔的长子公远、次子公逊相处最熟。民国六年（一九一七）夏末，公远从四川崇庆到上海考进青年会中学，与我同学两年。十五年八月我由美回国的时候，他已结婚，在上海教书。那时二伯父已经去世，他的四个儿子也“各奔前程”，不在上海。公远见我没有住处便留我在他的寓所暂住，并且介绍我在江亢虎所办的南方大学和一个殷姓所办的国民大学两处担任几门课程，借以维持生活。次年二月经叔玉八哥介绍到天津南开大学去任教，才与公远分手，离开了上海。二十六年（一九三七）避日寇入川，在重庆再与公远见面。随后我们两家先后都到了成都，见面的机会更多。他天分甚高，但没有恒心，不肯切实用工夫。在圣约翰大学毕业之后，他自费“留学”美国。其结果等于在新大陆“观光”了一次。他妙想天开，在美国芝加哥某“函授大学”注册，缴了几百美金的“学费”，不久之后居然“毕业”，得着了“法学博士”的凭照。这种取巧的作风，后来变本加厉。抗战期间他在离成都西郊有名的青羊宫不远的乡间盖了几间茅屋，自称精通“华阳派”的道教，有广大的神通。若干川军中下级将领信以为真，争先恐后，请他“讲道”或卜问吉凶。据他自己告诉我，有一天某某几位退职将领约他同去游山，并请求他表演“水遁”“土遁”。他让他们先走。等这几位先生走到约定的地点时，他已经含着微笑坐在一个亭子里了。他们“五体投地”，心悦诚服。殊不知“萧神仙”先期安排好了一乘滑竿，雇妥了几名捷足的伕子，隐藏在出发点附近的树林当中。等到这几位将领走后，他坐上滑竿，经捷路迅速前去。无知的军人竟被他愚弄了。那时在国立四川大学任心理学教授兼教务长的叶石荪（麐）震于“神仙”之名，拉我陪他前去，卜问时局的大势。公远说：“就卦象来看共产党必然失败，国民政府安如磐石。”叶公为之默然许久。我后来才知道，此君已做了“同路人”，因此听了公远的话为之不快，或竟吃惊。至于公远所说，是就卦论卦，或想迎合国立大学教务长的心理，我不便追问，也无从推断。如果是前者，“神仙”的卦何其不灵；如果是后者，“神仙”何其缺乏“知人之明”。一九四九年以后他在成都，渺无音问。我追记这些事，不是谴责公远，而是惋惜他“聪明反被聪明误”，辜负了他所禀赋的天资。在我们中学同学期间我曾屡次劝他，希望他能善继七叔精诚笃实的作风。他承认他的错误，但究竟不能改变。

公逊是我第二次入川到重庆时才见面的。他在上海大夏大学毕业后，在某私立中学教课。“七七事变”之后回到四川，蛰居重庆郊外山中。他的天资也高，不亚于乃兄。但禀性孤介，落落寡合，更不赞成乃兄的“妖言惑众”。二十六年秋天他接受我的建议同我去到成都，在由沪迁川的私立光华大学附属中学任教员兼斋务主任。他对文学颇有修养，口才也好，因此颇得学生的欢心。他管理“斋务”也很尽心。学生有违犯校章的他必反复开导，并不是“照章处罚”便算了事。他在十五岁的那年，由七娘做主为他完婚，娶了一位比他大几岁的崇庆州某家小姐，不幸两人性情不合，终归决裂，公逊因此郁郁寡欢。他得暇时必来看我，谈诗论文。我也乘机为他排解。三十六年（一九四七）夏末我应聘国立政治大学，离开成都去到南京。他来送别，相对黯然。彼此都意识到此后再没有见面的机会。（听说他在一九五一年以后不久“因病”去世了。）

一个人的性格和习惯一部分（甚至大部分）是在家庭生活当中养成的。上面提到的尊长和弟兄在不同时间、不同环境、不同方式之下，直接地或间接地，有意地或无意地，给予我几十年的“家庭教育”，奠定了我问学及为人的基础。五四运动的健将曾经对中国旧式家庭极力攻击，不留余地。传统家庭诚然有缺点，但我幸运得很，生长在一个比较健全的旧式家庭里面。其中虽有不能令人满意的地方，父母双亡的我却得着“择善而从”的机会。因此我觉得“新文化”的攻击旧家庭有点过于偏激。人类的社会组织本来没有一个是至善尽美的，或者也没有一个是至丑极恶的。“新家庭”不尽是天堂，旧家庭也不纯是地狱。

二、蒙师与业师

光绪二十八年（一九〇二）随大伯父入川。到了崇庆州不久之后他聘了一位本地老秀才罗老师来教大姐（九岁）、二姐（七岁）和我（六岁）三个孩子读书。大伯父与罗老师商定，不用《三字经》《百家姓》一类初学的课本，而用《史鉴节要》《地球韵言》《声律启蒙》和《千家诗》等书。《史鉴节要》是族曾祖蒲郇公所编，由萧氏宗祠刊印的书。这书的目的是在给小学生一点中国历史简单的知识。内容是一首七言“歌诀”，总括几千年历史的梗概，和一篇四言韵文，分叙从盘古到明亡历代的事迹。我现在尚记得开头的几句：

盘古首出，天地初分。三皇继之，物有群伦。
有巢构木，宫室是因。教民烹饪，则有燧人。
是为邃古，概出传闻。（下略）

《地球韵言》的作者和出版处我失记了。这是仿《三字经》体裁一本世界地理常识的书：

今天下，五大洲。东与西，两半球。
亚细亚，欧罗巴，奥大利，阿非加，

美利驾，分南北，穿地心，对中国。（下略）

《声律启蒙》和《千家诗》是两本在私塾中常用的书。前者（俗名“对子书”）的作用是奠定小学生将来学作诗的基础。其内容举例如下：

云对雨。雪对风。晚照对晴空。来鸿对去燕，宿鸟对鸣虫。三尺剑，六钧弓。岭北对江东。人间清暑殿，天上广寒宫。（下面还有七个字和九个字的对语，现在一时想不起了。）

《千家诗》是一个七言绝句诗的选集，其中多半是“理学家”的作品。因此这书除了给小学生些作诗的模范外，还可以无形中启发他们的“道心”。下面这两首就是极好的例子：

云淡风清近午天，望花随柳过前川。
旁人不识予心乐，将谓偷闲学少年。

半亩方塘一鉴开，天光云影共徘徊。
问渠那得清如许？为有源头活水来。

这些书照我现在看来，都各有其价值或意义。但童蒙的我在当时多不能够领会欣赏。其中《声律启蒙》比较浅近易解，虽有若干“典故”，经老师讲解或看了书中的注释也可以大体明白。加以“音韵铿锵”，不难“上口”“成诵”。《千家诗》的内容我也不觉得过于困难。七八岁的小孩当然不能体会诗中所含蕴的“性理”精义，但字面的意义却还懂得。《地球韵言》读起来有些“莫明其妙”。我去请教老师，他只能就字面“立说”。我们既没有地球仪，“穿地心，对中国”这两句在字面上也费解了。

《史鉴节要》的内容老师是“耳熟能详”“如数家珍”，但害苦了我这记悟两性都不充分的童蒙，对于其中所叙一大串盛衰兴亡的史实，既无力“强记”，更不感兴味。我每天上午照例站在老师桌旁听他讲解，跟着他朗诵一段之后，便拿着书回到自己的座位上去“苦读”。到了下午我把书放在他的面前，转身“背诵”。如果有一句到时忘记，背不上来，他迅速地用三尺多长竹制的烟杆给我一个“当头棒喝”。久而久之，我对于这书不但完全失却兴趣，并且望而生畏。

罗老师教了我们一年便解聘而去，由一位外省人樊老师继任。（大伯父认为罗老师过于凭仗“夏楚之威”，不合“循循善诱”的原则。）樊老师据说是王湘绮（闿运）的弟子。现在来教蒙学，他觉得是大材小用。他不管我们懂与不懂，喜欢高谈文章、义理或经世之学。每逢宴会，必须请他坐首席。有一次他面前的酒杯微有缺损，他认为是有意简慢他，因而勃然大怒。不用说，在这一年中我们的学业没有显著的进步。

光绪三十一年（一九〇五）到了重庆之后，我们的第一位老师姓汤。他是江西同乡。因为年纪较高，颇能耐心教导。那时候二伯父已经去世，二伯母带着十几岁的儿子来依靠大伯父。炳元哥虽然自幼双目失明，也每天同我们一齐上学。他的书由老师念给他听，并一面讲解。他的记忆力甚强，听完以后大体能够记住，遗忘的地方再由老师念给他听。有时候他“静极思动”，想出一些刁钻古怪的方法教我们去和性情温和的汤老师开玩笑。老师下午讲完了书照例躺在一张长椅上睡一二小时，醒后才让我们背书，并批阅我们习字的成绩。到了黄昏时候便放学，让我们“回家”。他既不用钟表计时，只看“天色”，我们放学的时间当然或早或晚，不尽一致了。有一天（阴历五月初）炳元哥想出一个提早放学的计策。他叫我们趁着老师熟睡，把他放在桌上的深度近视眼镜的玻璃用墨涂黑了，然后大家一齐高声诵书，把他惊醒。他翻身起来，睡眼蒙眬，戴上了眼镜，便说：“呵，今天多睡了一会，天黑了，放学罢。”我们早有准备，他发言甫毕，我们已一哄而散。第二天上学，他也不责罚我们，只是说，“太淘气了，以后不准这样”。这位好好先生心平气和，与罗、樊两位老师的性格恰好相反背。他对我们过于宽大，我们无知，并不努力用功去读书。

汤老师教了我们两年，因年老病多而辞馆。继任的廖老师也是江西人（大伯母的异母弟）。他开始教我们读《论语》《孟子》《国语》等古书。《国语》只由他讲解，我们阅看，但不背诵。《论》《孟》于讲解外，我们逐章熟读背诵。我至今还能随口引用这两部要籍中的一些文字，这是廖老师所赐。

同时［光绪三十三年（一九〇七）］大伯父为我们聘请了一位教日文的和一位教英文的老师。英文老师是重庆人王骨臣先生（名鲠）。王先生的英文造诣似乎不能算是很深。他教我们的时间也很少，仅仅是每天一小时。我们那时对于中国书比较更感兴趣，不大愿意学这“蟹行文字”。因此四年之中我所得甚少。宣统二年（一九一〇）冬天王先生辞聘，我们停止学习英文。民国三年因为我想去上海投考学校，请得了大伯父的允许，每晚去一位在重庆海关任职的福州人林先生所设的英文夜校补习两小时。虽然一年之中，略有进步，然我的英文程度，依然低下，无怪到了上海去投考圣约翰中学未被录取。（四年的春天，重庆法政学堂招生。大伯父想测验我的程度，命我去报名投考。所考的科目除了国文、历史等外有一门英文。英文题目颇为容易，只要考生用中文翻译几个简单的句子。我勉强完卷，居然在录取之列。事后传说有若干投考的学生因英文交了白卷而“名落孙山”。那时候内地学生英文程度欠佳，由此可见。）

教我们日文的先后有两位嫁给中国留日归国学生的日本太太。光绪三十四年（一九〇八）到宣统三年（一九一一）是太田喜智（黄润生太太）。她每天早晨八点钟来，先率领我们到三楼旁边平坦的屋顶上，在新鲜的空气中，教我们做日本式的柔软体操和唱一些日本儿歌（《桃太郎》是其中之一）。她一面领着我们唱，一面用风琴伴奏。（下雨天免去体操，在室内学唱歌。）大约十分钟到十五分钟之后，才教我们简单的日文日语。（炳元哥已于前一年跟着他的母亲到家乡去了，学日文的只是两位姐姐和我三个人。因为我的小名是“冬元”，黄太太便叫我“フュモト”。）我们都喜欢体操和唱歌，但对于日文，和英文一样，不愿意用功。教到九点钟，她终止授课。我们便接着上廖老师的课。黄太太因事辞聘，推荐刚本健（王致堂太太）来继任。一年之后她离开重庆。我们于是终止日文的学习。我现在深悔当时不曾用心去学，失去了通晓日文的机会。

我们迁居马家巷的那一年，廖老师辞馆回籍。王骨臣先生介绍何笃贞先生（名世忠，廪生，四川铜梁县人）来教我们。这是我幼年读书的重要关键。从宣统二年正月起到民国三年十二月止，在这五年当中，在何师教导之下，我才粗浅地认识了中国经史文学的轮廓，经验到学而时习的快感。严格地说，他不是所谓“经师”“史家”或“学者”。他却是一位优越的教师，虽然他不曾进过教育学院或研究过教育原理。他针对学生的需要，选用适当的教材，引起学生的“求知欲”，领着他们在不知不觉间步步前进。

他认为《十三经》必须涉猎，但不必全部精读熟诵。那时我已读过《四书》了。他教我（一）加紧熟读《诗经》《春秋左传》《礼记》《尚书》和《尔雅》；（二）随后涉猎《周礼》《仪礼》《易经》和《孝经》；（三）此外《公羊传》和《穀梁传》在有余力时“过目”一下。上列第一类的五种并不背诵全书。其中他认为比较不重要的一小部分也由我翻阅一下，不去“精读”。采用这样“速成”的方式我居然在五年之中“读”完了《十三经》。他不要我们读《史记》《汉书》等史学要籍，而让我们去细看吴乘权根据朱熹《通鉴纲目》所编的《纲鉴易知录》。他教我们不必去管书中对于前代事迹的褒贬而专注意于事迹的本身。他这样选择教材，“经学家”“史学家”或者会认为“不足为训”。但照我推测，他自有他的理由。当他应聘的那年我已经十四岁了，而且“中学”以外我还要注意

“西学”。如果教我去按部就班，穷经通史，不免是好高骛远，不切实际。在那五年中近乎偷工减料地读经史，给予我不少“国学”常识，后来受用不尽。这不能不归功于何师。此外他时时鼓励我自动选看“合胃口”的各种书，不限一家，不拘一格，因此培养我博览的志愿。这也是值得感谢的。

在文学方面，除了教我们选读唐宋大家的“古文”以外，他也要我们选读历代的韵文。最初每天下午他用粉笔在黑板上写出几首唐人五言或七言的律诗或绝句。他讲解了诗中的意旨、典故的出处，以及作法上的技巧等等以后，便让我们用墨笔抄录下来各自诵读。这样我们“手到”“口到”，很容易地都能记住了。绝句和律诗之后，再选读长短篇的古诗，从汉魏直到唐宋。（先用《唐诗三百首》，随后径用各家的专集。）他又教我们就个人所好择看《文选》中各体的辞赋。五年当中我们所读所看的为数有限。但是何师的指导和鼓励不仅启发了我们对于文学的爱好，同时也培养了我们一点文学欣赏和鉴别的能力。

何师教了我们不到半年，便决定要我们“发笔”（开始学写文章）。每五天他出一道简单的题目让我们作一两百字的“论”“说”或“经义”。过了几个月他所出的题目逐渐加难，我们“窗课”的篇幅也逐渐加长。经过两年上下的练习，我们居然勉强能够“洋洋洒洒”“下笔千言”。进步迅速的原因大半在何师因势利导和尽心批改我们的习作。当他在晚间灯下评阅我们的窗课的时候，他让我站在他的身边，看他批改。他一面用笔批改，一面说明，何以某一字错用，某一句欠妥，某一点发挥未能透辟，或某一处题旨未能明了。有作得较好的地方，他手不停挥，浓圈密点，表示奖许。（看何师批阅我们的习作是我独享的权利，两位姐姐不能参加。）题目的出处不限于经史，他偶尔也教我们学作“时论”。例如辛亥秋间武昌起义的消息传到重庆的第二天，他所出的题目是“革命非叛逆说”。

何师不“保皇”而尊孔。除了初一和十五日我们放假不上学外，每天早晨姐弟三人一同走进书房，向“至圣先师孔子”的牌位长揖致敬之后再向老师一揖，然后分别就座，开始做当天的功课。宣统二年正月下旬何师初到就馆的那一天，由大伯父率领我们去拜见（他们“东家”“西席”相对一揖，我们向老师跪下一叩首）。每年三节（新年、端午、中秋）东家照例致送节礼。端午、中秋两节是每节银圆十枚，盛在封面楷书“节敬”两字的红纸封套里，随着大伯父去向老师拜节的时候致送。“年敬”也同样办理，但是在十二月十五日前后（也是老师启程回家的前一日），大伯父带领我去送下年“关书”（聘书）和“夫马费”的时候，一并致送。夫马费是制钱两串（二千枚，约合银两元），作为何师由重庆到铜梁来回的路费。次年正月十八日（“灯节”）以后他回到重庆，我们一个月的假期于是终止。何师全年的“束脩”是纹银一百两（约一百四十元）。照近年的物价计算，这待遇像很菲薄。但在五十年前的四川这是十分丰厚的薪水。

民国三年的冬天，何师向大伯父说我们三个人的进步都极可观，他也极其满意。但他自问以后对我们的学业不能再有多少帮助，不如送我们去进学堂或另聘“名师宿儒”，继续指导，以免贻误我们的“前程”。因此他请大伯父不要送来年的关书。大伯父极力挽留，但何师去意坚决。到了年终放学，他启程回籍。彼此相对黯然，不忍分别。民国四年我去上海进学堂，民国九年我到美国留学，不时致书问候他。他回信屡次以“通今古，贯中西”勖勉我。教导奖掖之恩，令我没齿难忘。民国十二年（一九二三）的春天，他病逝家乡，享年七十一岁。

三、青年会中学的师友

民四的夏天，我考进了坐落在上海四川路的中国基督教青年会中学的三年级。照旧算法，我那时已经十九岁了，比同班学生的年纪平均大三四岁。我虽然并未“自伤老大”，但深知“日月逝矣”，所以“寸阴是惜”，埋头苦读。我最大的困难、最基本的问题，仍旧是英文程度不足。（校中各门功课除了国文外，都用英文课本，在教室里教员也多用英文讲授。）为求解决这个基本问题，我把最多的时间、最大的努力，放在英文一门课程里面。例如每日黎明，住堂的同学都尚未起床，我已悄然走上六楼宿舍上面的屋顶（这颇像重庆陕西街三楼旁屋顶的平坦宽大）朗诵英文课本，约三十分钟才回到宿舍去梳洗。所幸国文一门我不须多下功夫，把练习英文和应付国文剩下来的时间去做其他的功课（算学、历史、卫生等）。到了学期终了的时候，各门功课的成绩都不低劣。我应当附带说明：我“应付国文”不是看轻这门课程，而是因为我的国文程度高出全班同学，因此每次作文都名列前茅。这是业师何笃贞先生的恩赐。

一年的时间迅速地过去，我竟是二十岁的人了。如果我按部就班地读下去，由三年级经四年级、五年级，然后升入六年级，假定中途没有波折，我要到二十三岁才能在中学毕业，要到二十七岁才能大学毕业。我想出了一个“争取时间”的办法：在学校招考插班新生时去报名投考五年级。万一被取，便可越过四年级，“节省”一年的时间。主意立定以后，便在暑假当中加紧做应考的预备。我报考三年级时用的是我的“学名”（也是我的“排名”）笃平，但现在报考五年级不便仍用原名。在重庆读书时，何师指导我习楷书，要我临柳公权所写的《玄秘塔》。我习字的成绩虽然不佳，但我却很欣赏“柳字”。因此我便改名公权去投考。（吴雨僧先生在《吴宓诗集》卷九、卷十三和卷末等处，说我“名笃平，以字行”。其实我的“字”是“恭甫”。民国廿一年起自号“迹园”。有时候偶然先后用过“石沤”“巴人”“君衡”等笔名。）

侥幸得很，我居然被录取了。更幸运的是，教我们五年级和后来六年级的有几位饱学而兼善教的先生。教五年级最特出的教员是程万里先生（英文、历史）、何挺然先生（数学）和马瑞琪先生（自然科学）。程先生是浙江人，曾留学英国。他自己对于学问有真挚浓厚的兴趣，同时他尽心教导学生引起他们求学的兴趣。他用流利的英语讲历史，既清楚，又生动。听他讲过之后再去看书便有左右逢源之乐。他的英文修养既好，教学生又能引人入胜，批改我们的习作丝毫不苟。文法上的错误、修辞上的疏忽，他一一改正之后，把习作发还我们，要我们仔细去复看。过一两天他在教室里抽问我们，要我们指出何以这些是错误，何以要如此修改。一年之内我们的英文都大有进步。我居然也能下笔成篇，不至于多犯重大的错误。

何先生和马先生都是广东人，都是上海圣约翰大学的理科学士。何先生教我们初级代数、平面几何（五年级），中级代数、立体几何（六年级）。他也用英文讲解，不但明白晓畅而且时时妙趣横生，使我乐听忘倦，愿意专心去学。每次上课时，他要全班学生在教室的黑板上每人解证一道他上次发给我们的习题。我们事先不知道他叫某人做某题，因此每人必须在上课以前把全数习题都加以解证。代数和几何虽然在日常生活中，甚至在学术生活中，很少有直接的用处，但极有助于思考的训练。

马先生教五年级的物理和六年级的化学。他除了讲明原理以外，极注重试验。他自己做稍难一点的物理试验，要我们细心观察，但让我们各人做简单的试验。化学的年终考试可谓别开生面。他不出试题要我们作“纸上谈兵”的“化学文章”，却在试验室的桌上，每一学生面前，事先放置编了号码的十瓶无色液体物质，要我们各人用简单的“定性分析”方法，依次验定这些物质，然后在卷上一一注明，便算“完卷”。他注重试验的用意是要我们对心手并用的科学方法得一点初步的认识。第一到第九瓶我侥幸都顺利地“分析”了。到了第十瓶时，我用尽了各种指定的定性药品（reagents）都不曾引发预期的化学反应。我纳闷了几分钟，正在束手无策，忽然想到：“莫非马先生给了我们一瓶蒸馏水？”我拿起这瓶中剩余的流质，面对着他，装做要喝的模样，同时观察他脸上的“心理反应”。他视若无睹，我心里有数，在考卷上写了“No. 10——H_2O”。（我相信马先生让我们化验蒸馏水不是要寻开心，而是要启示我们探求科学知识固然不能完全依赖书本，也不可盲目地循着指定的途径去进行。）

叶楚伧先生是我们五年级的国文教员。叶先生除了在上海办报，撰社论，用“小凤”笔名发表一些小品文字外，还在学堂兼课。所得薪金略可添补生活费用。他“南人北相”，身体魁梧，与“小凤”笔名似不相称。我们觉得他文学修养既高，态度温文恳挚，又悉心教导学生。因此我们敬重他，也乐于上他的课，用心听他的讲。同班的北方人王文蔚聪明而带点顽皮。他发现叶先生曾参加革命，便有意试一试他的涵养功夫，自称是汉军旗人，并且在国文习作里面，一再赞颂“我朝”的“深仁厚泽，沦肌浃髓”，或写上其他类似的“反革命”字样。叶先生看了并不生气，把王君所写细加删改，并恳切地教导他，劝他好好求学，不可卖弄聪明，虚耗时力。有一次叶先生取《庄子》书中一句话作为国文习作题目，要我们作一篇“神人无功说”，我在篇末写了下面几句：“夫既无功，呼之曰人，斯为得矣。乃命曰神，不几失之辞费，沉浊而不可庄语乎。”他看了十分赏识，对我奖许勉励有加，令我十分感激。

在民国初年上海的教会学堂教国文不是一件容易的事。教会学堂的宗旨是传教，自然不看重国文。进教会学堂的学生多半意在学好了英文以后，在“十里洋场”里面谋生活。他们对于国文也自然不感兴趣。在这种形势之下，教中学国文本已不易见长。如果教员本身不甚健全或教授不尽得当，极容易被学生轻视，甚至受他们揶揄。教四年级的许啸天先生可做一例。许先生曾写过几部“鸳鸯蝴蝶派”无多文学价值的言情小说，在上海颇为流行。他上课时讲书不甚明晰，批改习作也近乎草草了事。不看重国文的学生，自然会看轻国文教员。许先生个人既不能引起他们敬重之心，很快地便成为他们侮慢的对象。“许先生，你跟谁学会了写淫书？你可以教我们怎样去写，让我们也好赚点稿费吗？”他听了之后，啼笑皆非，满脸通红，连声：“胡说，胡说！”国文课程多数排在下午，成为全天课程最后的一堂（这是教会学堂轻视国文的一个无意的表示），四年级国文亦不例外。有一天许先生说起各地小贩叫卖食品似歌非歌的声调，认为颇有风趣。于是顽皮的学生离开座位，绕着教室，南腔北调地高叫“五香豆腐干”“抄手面”“萝卜赛梨儿”……许先生又急又气，无可奈何，连说“下课罢，下课罢，不成体统”。据一个去年与我同在三年级现在四年级的学生告诉我，后来班里学生不耐烦听许先生讲书的时候，便演习叫卖，逼他提早下课。

青年会中学，和其他教会学校一样，想利用教育青年的机会去传播“福音”，招收信徒。学生虽然多不热心研读《圣经》，但也不反对有关宗教的必修课程。无如过于努力传教而学识不高深的教员，有时讲授非宗教的课程也节外生枝把“上帝”“耶稣”强拉进来。教三年级“卫生”的一位美国籍女教员便是这样。有一天我听腻了，趁她问我们有无疑问的机会，请问她：“耶稣是否上帝？”她答说：“不，耶稣是上帝的儿子。”我又问她：“马的儿子是驹 colt，驹长大了是马 horse。人的儿子是男孩 boy，男孩长大了是人 man。耶稣降生到现在已经一千九百多年了，如果他还不是上帝，他要到多少年纪才长大呢?”她听了这“渎侮神圣”的话，极其生气，却无词以答。(其实我的问题并不是无法解答的。)此后上课只就本课程范围以内讲书，不再涉及宗教了。(我应当在这里附带声明，她不会因为我在教室里当众窘她便把我的成绩打折扣。“不念旧恶”，这是宗教信徒应有的美德。)

上海基督教青年会总干事(美国人)克先生(Mr. Clark)有一天约我到他的办公室去谈话。他问我对于基督教的感想如何。我说基督教是一个教人敬天爱人的优良宗教，几百年间新旧教徒，不避艰难，不远万里，到中国来传教，他们的信心和热忱令人佩服。他说:“你愿意入教吗?”我答复他说:“我对于基督教现在只是一点理智上的认识，并不会发生精神上的信仰，形式上的受洗是无多意义的。”他点头承认我的看法不错。

在克先生办公室谈话约两个月之后，我和五、六年级的两个同学因反对学校强迫我们去做礼拜而掀起一个小风波。照学校的规章，走读的学生不必做礼拜，住堂的学生除了星期六请假回家度周末者也毋庸做礼拜外，其余的学生，无论是否基督徒，一体要在星期天上午八时起，齐集学校的大会堂听讲教义，参加祷告，合唱圣诗。规避者要受“记过”的处分。(集三“小过”为一“大过”，记满三大过的学生丧失住堂的资格。)住堂学生的绝对多数学生(百分之七八十以上)都是非基督徒。我们虽然不甚愿意去做礼拜，但一直都勉守校章，届时应卯。民六秋季开学，斋务处贴出布告要学生到学校指定的教堂(就记忆所及，似是在三马路上的“慕尔堂”)去礼拜。同级学生唐昌年(江苏省盛泽镇人)、吴颂皋(江苏省吴县人)同我去见主管斋务的谢武衡先生，请问他何以不能在学校会堂而必须到校外的教堂去礼拜，往来周折，多费时间。他说:“这是学堂的决定，你们不能过问。”我们当然不满意他的解释，并认为学校的措施有点不近情理。于是我们分别请“家长”致函学校，让我们此后每星期六告假“回家”。其实我们白天大部分的时间在校内各做功课，到了晚上仍旧住在宿舍里。“魔”高一尺，“道”高一丈，我们这取巧规避的办法很快地被谢先生发觉了。他立刻出一布告说：“住堂学生无论曾否请假，凡星期六晚间回校住宿者，次日必须一律到教堂礼拜。无故不到者照章记过。”同时谢先生“大兴土木”，在通到宿舍的楼梯扼要处做一道木栏，一到晚上便亲督校工闭栏上锁，到次日早晨方准开锁，这样一来我们便无法在晚间溜回宿舍了。我们商量一番之后，决定写一封信给朱树翘校长，说明我们的立场。在这一封一千多字的信里我们提出下列几点：（一）信教自由，宪法有明文规定。学校强迫非基督徒去做礼拜，有违宪的嫌疑。（二）青年会中学虽然是教会所办，但校章中既未规定入校肄业学生限于基督教信徒，学校似不应强迫非基督徒的学生去做礼拜。（三）宗教的基础必须建立在个人的信仰上面。学校纵然有权力强迫非基督徒的学生去做礼拜，他们不免貌从心违，甚至发生反感，于传教的工作有损无益。（四）强迫非基督徒的学生去拜上帝，其不合理与强迫基督徒去拜孔子或拜释迦牟尼，并无差异。（五）为学校着想，似乎有关强迫礼拜的规定以从速注销为宜。（六）为表示我们的抗议起见，我们即日自动迁出宿舍，恢复个人宗教自由。（谢先生听说我们决定迁出宿舍，他下令宿舍工人，不准帮我们搬运行李。好在我们行李简单，不少同情我们的学生争来相助。）朱校长接到我们的信之后两三天，叫我们去校长室谈话。他并不谴责我们，只说：“你们的功课都不错，平日的品行也很好。你们何苦这样闹？如果你们把全部的心思和时间都放在功课上，你们的成绩应当更好呀。”我们感谢他的宽大。使我们更高兴的是，在我们毕业离校不久，学校果然修改规定，不再强迫学生做礼拜了。但听说谢先生免去了斋务主任的职位，调到另一部门去服务，我们不免有点抱歉。（吴颂皋是清季曾任湖南巡抚，率师抗日救韩，兵败贬官的吴大澂之嫡孙。这位“世家子”中学毕业后自费留学法国。抗战期间他投靠汪兆铭的汉奸政府，任“外交部次长”。日本投降以后他被逮伏法。他卖国求荣的行为，与当学生时争求信仰自由的气概，前后如出两人。吴宓斋地下有知想不免要为之痛哭。）

民国七年六月我在青年会中学毕业。那一年春末夏初，蔓延全球、死人无算的流行感冒病症（influenza）传到了上海，我也染上了。在大考前的星期四下午感觉不适，星期五勉强上课，到了晚上便不能支持而病倒了。当时认为是平常的“重伤风”。同学好心给我饭食，都不能下咽，只是口渴，大喝冷水。卧床三天之后，勉强能够起身。虽然全身疼痛，却喜无碍动作。到了星期一我居然能够去应毕业考试。这个险症我竟糊里糊涂地熬过去了。这可说是“勿药有喜”，也许是命不该绝。

我在病中当然不能温习功课预备大考。好在我的功课平日已经用心做过，因此无论小考或大考来临，我用不着“临时抱佛脚”，在考期前几天“挑灯”苦读。我不但不埋头看书或阅教室的笔记，反抛开书本去做不用脑、不烦神的活动。这样一来，到了考试的时候头脑更觉清楚，不会把平日所学的遗忘或弄错。我这考前不看书的办法此后一直应用，结果确实不坏。如果没有这个习惯，考前一病，必定不能应考了。

五年级和六年级同学当中最令我忆念难忘的是张增佩（字久香）。他家是南浔首富，他却没有丝毫纨绔习气。他求学精勤，待人诚恳。我承他引为知交，在教室中我们总坐在两个紧邻的座位上。我们一面互相切磋，一面争取第一。这种友朋之乐，在我学校生活当中真是绝无仅有的。民国九年我由清华派送美国留学。不久之后他也自费留美，进巴法洛大学（University of Buffalo）去学纺织工程。这是因为他家在上海拥有大规模的纱厂，学成回国以后可以用其所学，发展各厂的业务。民国十二年夏天我在密苏里大学得了硕士，转入康奈尔大学（Cornell University）去进修。这两校都在纽约州，一在西部，一在中部，相距不远。我便专诚去探访这位一别五年的挚友。他“心广体胖”，丰度犹昔。虽然他和我所学有如“风马牛不相及”（工程与哲学），笑言之乐不减当年。谈起两人在中学里苦争第一的傻劲，尤觉津津有味。我停留了三天，和他同游赖亚加拉瀑布

（Niagara falls）之后，才和他告别。民国十五年我重到上海时，他早已回家主持纱厂的工程事务。承他盛意设宴为我“洗尘”，又畅叙一番。不久之后我去天津、北平任教，两人迄无见面机会。民国三十七年我们先后都到了台湾，可惜他宿疾牵缠，精神体格已远不如前。承他告我在迁台之前，他召集厂内职工，把所有纱厂悉数交给他们，让他们自由处理。他携带一些资财，全家迁到台北。一九四九年秋初我离台赴美，不料就此和他永别。一九五七年我回台出席“中央研究院”会议时，他已于一年之前与世长辞了。

民国七年夏天我在青年会中学毕业，同时考进了清华学校的高等科三年级。据我所知，那年投考三年级的学生六七十名当中几乎全是各大学（包括南洋和圣约翰）一、二年级的学生。在三年级录取的八名新生当中，我居然侥幸在内，真是考运亨通。其实我能被录取应当感谢我中学的几位先生，尤其是叶楚伧、程万里、何挺然和马瑞琪四位。他们所教课程的内容好像是为我所投考清华的预备。例如何先生所教的中级代数学：他一再叫我们“活用脑筋”，看见习题首先要加以分析，决定了解答的途径或方法之后，才着手去做。否则埋头盲目去做，可能白费工夫。碰巧那年清华数学教员海宴士先生（Heinz）所出十道中级代数题目当中，第二和第三两题都是不可解的（insoluble），题目发出之后，我遵着何先生所教，先把十题一一细看一番，在考卷上写明这两题都不可解，用心去解答其余可解的八题。限定的两小时尚未完全过去，我已经完了卷。若干考生因为在这两题上虚耗了许多时间，无法做完十题。又如英文题目当中有一道是要考生把一首英诗，就其原意，但另用字句改写成为散文。有些应考的学生不了解“改写”（paraphrase）这词的意义，于是这一道题便不免得零分。我受了程先生的赐予，在六年级的时候，他已经教我们做“改写”的习作，拿着这考题便不至于彷徨束手了。国文试题更为凑巧，其中作文的题目恰好是六年级最后作文一课叶先生给我们的题目。我从记忆中把原作默写出来。原作当中欠妥的地方既经叶先生改正过了，我这一篇应考的作文不但“如出宿构”，而且“文不加点”。事后我曾这样想，假如那年青年会中学毕业生有两个人去报考清华，我大约就不在被录取的八名之内了。

何以我一个刚要从中学毕业的学生竟敢报考清华高等科三年级呢？这完全是由于叔玉八哥的鼓励。民国五年他同他的二哥仲乐同时考进了清华，他考进高等科四年级，仲乐考进高等科三年级。叔玉知道我快要从中学毕业了，写信来劝我报名去考高等科三年级。我十分怀疑我有投考的程度。他一再来信鼓励我说：“你中学六年级所读的课程与清华二年级极其相似。我相信你的程度足以考取。无论如何，你必须一试，纵然不取，于你并无损害。错过机会，实在可惜。”我终于接受了他恳切的劝勉，大着胆去投考。清华录取的通知书寄到上海时，他已从北京回家准备出国。他看了通知书，高兴极了，对我说：“我的话不错吧！后年秋天，我们在美国见面好了。”

四、清华两年的收获

民国七年八月我随同仲乐从上海到北京去清华学校肄业。到了北京之后我们承仲辅二哥（长房冠侯伯父的次子）款待，在他的西城寓所住了七八天。我是新生，必须早几天报到，以便办理一切入学的手续。仲乐是旧生，可以在上课前的一两天到校。他说："你还没坐过北京的骡车。这不但价廉，而且方便。行李放在车厢里，你坐在行李前面。'黄包车'虽然快些，但人与行李要分载两车，既多花钱，又不容易看照行李。你坐骡车去好吗?"我觉得他的说法颇为有理（虽然明知他想开我的玩笑，让我这"土包子"坐着这"老古董"去进留美预备学校），便说："好极了，就坐骡车去罢。"到了入校那天的清晨，我告别了仲辅兄嫂，坐上骡车，出西直门，经过海甸，向着清华园前进。车行很慢，我趁此饱看郊外的景物。夹道垂杨为北国风光生色不少。将近十一点钟，到了学校。骡车夫停了车，扶我下去，从校门里出来了两三位领导新生的同学，哈哈大笑说："欢迎，欢迎！坐骡车到清华，真是别开生面。"他们指挥校工把我的简单行李拿了下来，搬进预先指定的宿舍里，随后由其中一位（三年级同学陆梅生兄）领我去斋务处报到。

"庚申级"（我们这一班应于民国九年庚申毕业，因有此名称）的同学一共有七十余人。在三年级那一年和我同住一寝室的一共是四个新生。其中有三个是三年级的新同学：陈总（字岱孙，福州人）、富文寿（海盐人）

和我自己。剩下一个是北方人张姓的二年级新同学。富文寿兄与我相处得很好，我们约定了在四年级的那一年同住“新大楼”宿舍的一间寝室。此外庚申级同学李榦（字芑均，无锡人）和杨荫溥（字石湖，无锡人）与我时常见面“论文”。杨石湖兄用他的字做笔名在学生所编辑的《清华周刊》里发表一些文艺性的稿件。李芑均兄和我“见猎心喜”，也分别用“石潭”“石沤”的笔名投稿。他们是两年当中与我最接近的同学。

庚申级同学毕业游美以后在国内立业成名的不在少数。例如：富文寿（上海小儿科名医）、孟继懋（北京协和医院骨科专家）、陈可忠（化学家，曾任国立编译馆馆长，后任“清华大学”校长）、刘驭万、刘师舜（曾任中华民国驻外大使）、高惜冰（原名介清，曾任沈阳东北大学工学院长，现在台中经营实业）都是比较有成就的。其余学有专长，服务各界，成绩彰著者尚大有人在。不幸的是，同级七十余人中至少有八九人已经去世，有五十多人留在大陆，消息不通，存亡莫卜。

清华在改组为国立大学以前是一个留美预备学校。高等科二、三年级的程度与那时美国一般大学的一、二年级相当。毕业生到了美国可以插进大学三年级而不至于感到困难。清华课程的门类不多，内容并不高深，教员的学问也不一定渊博，他们教课却十分踏实而认真。学生如不好好用功便不容易及格。国文、英文、美国史是必修的课程。此外有若干选修的课程。

清华特别注重体育。其主要目的不在训练少数运动选手而在普遍地培养学生的体力，用以矫正中国读书人文弱的积病。每天清晨高等科的学生要集合在广场上，由体育教员布汝士先生（Mr. Bruce）领导，做十五分钟的柔软体操（天雨改在体育馆举行），然后才分别到教室里去上课。每天下午两点到三点钟宿舍、图书馆、教室的门都关锁起来。学生纵然不在操场或体育馆做运动，也得在校园里空气流通的地方散步或坐地。此外还有每星期若干小时由教员分级分组指导的体育课程。我们这一组的体育课程碰巧排在英文课之前。体育运动做完了，布汝士先生还下口令教我们把用过的器械一一放还原处，再去冲一个淋雨浴，才让我们下课。体育馆与高等科的教室相距至少有二三百码。我们飞跑前去上英文课总不免迟到。一方面英文教员屡次责问我们，另一方面体育教员又不肯让我们略早下课。布汝士先生的用意显然在养成我们的良好习惯，锻炼我们的身体。我们虽然口有怨言但心无违志。

学校规定学生平日的体育课程及格方能毕业，毕业前的体力测验达到标准方能遣送游学。民国八、九年间的体力测验包括下列五项：（一）百码快跑，（二）跳高或急走跳远（两者任择其一），（三）攀绳，（四）横杠翻越，（五）游泳。规定的标准虽然十分低下（例如百码十四秒，自由式游泳二十码），在运动员看来，不值一笑，但在“老先生”们（我是其中之一）看来，几乎是难于上青天。我们几个“斯文人”，只要天气许可，每天拂晓去操场上加紧练习个人认为最困难的项目。到了六年级的第二学期，我们硬着头皮去参加测验。攀绳、翻杠两项，因为我身体较轻，稍加练习便可以过得去。我在中学时被学校强迫着学了两年的游泳，这一项测验我可以“驾轻就熟”。我下苦功练习的是跳远和百码两项。测验的结果，居然勉强及格。（我的平日体育成绩也低得无可再低，在“优”“上”“中”“下”“劣”，Excellent、Superior、Normal、Inferior、Failure 五等当中，仅免列入“劣”等。）

清华的课程里面有兵操一门。这也是一个特点。学生上操时都穿上草黄色或藏青色的军式制服，拿着木质的“步枪”去操练。我们的“教官”是王赓先生。他是美国西点军校（West Point）的毕业生，我们的“军训”也略仿西点的格式。我们虽然没有真刀真枪，操练时倒也“军容壮盛”。有一次北京各校整队游行，庆祝第一次世界大战的终止，清华学生全体参加，一色的制服和整齐的步伐，引起观众的特别注意。这些重视身体发育，培植尚武精神的教育措施，与中国宋明以后的传统观念几乎完全相背。平心而论，这正是医治中国读书人文弱的对症药，无可厚非。

我在清华肄业第一年的第二学期躬逢五四运动之盛。运动的潮流由北京城内各大学冲激到郊外的清华。清华学生当中热烈响应者固然不少，但也有一部分态度冷淡，甚至暗中反对。领导者鸣锣召集同学去开会，有时到者寥寥，于是派人到宿舍里或图书馆里去把一些“书虫”轰出去开会。学生联合会议决发行日报，以利宣传，由北大、清华两校各推代表，共同办理，为避免政府干涉起见，又决定天津法国租界为编辑和印刷的地点。清华方面决定由高等科三、四年级同学推举代表。开会的时候，四年级同学几乎众口一词表示他们不久必须离校到上海去办出国手续，不适于留在京津负责办报。三年级同学也表示因种种理由，不能留校。结果不打算他去的只有四年级的桂中枢、三年级的李榦（家在北京）和我（计划留校读书）三个人。这样一来，问题便自然地解决了。我们三个人便被推为清华的代表，与北大代表去天津合力办报。

桂、李两兄和我会同北大代表周君（北大只派了一人）去到天津，在法租界梨栈大街一爿小旅馆（中和栈）租了几间房间作为编辑部和“记者”们的宿舍，又在法租界觅妥了一家印刷厂替我们印报。两天之后每天一张的《民钟》日报居然出版了（日期记不起了）。内容略仿普通日报，只是篇幅较小。其中包括时评、社论、新闻、小品文字和广告等栏。天津学生会派人负责发行，在北京、天津两处分发。北京政府不久发现了这“地下”报纸，向法国使馆和法租界当局交涉。《民钟》问世不到一个月（究竟多久，我记不起了）便被迫停刊，我参加五四运动和尝试“报馆”生活，于是也告结束。

在《民钟》刊行的期间，桂、李两兄和我“夙兴夜寐”分头去采访有关的新闻，撰写评论，编排报页，送稿付印和校对印稿。我们三个人不分彼此，谁能做，就尽力去做。《民钟》居然能够按日准时出版，不误发行。周君似乎以“社长”或“主笔”自居，但既不肯轻于下笔，又不屑于做送稿校对等琐事。（午后他往往外出，深夜才回旅馆。有时我们清晨校稿回来，他还在高枕安卧。）他很喜欢评论我们的工作，讲得头头是道。我们一面洗耳恭听，一面各尽所能，倒也相安无事。

昙花一现的《民钟》日报不过是五四运动中一个渺小的节目。时过境迁，早已被人忘怀了。但短期做过冒牌记者之后，我不知自量，对于“办报”发生了兴趣。民国九年清华学校允许送我进密苏里大学新闻学院肄业。如果后来不因为自己发现我不是做“无冕王”的材料而改学哲学，我很可能成为中国新闻界的一名小卒。桂、李两兄到美后都学新闻学，先后得着新闻学学士的荣衔。他们是有志竟成，我却知难而退。

具有历史意义的五四运动仍旧在北京进行。在城内和郊外各校学生集合在天安门广场上游行的那一天，北京政府下令拘捕为首的人。清华二年级同学罗隆基是活动分子之一。每逢当众演说，他极尽激昂慷慨之能事。听说他也在逮捕的名单里，他立刻决定“走为上计”，在身强力大的清华运动员时昭涵保卫之下，冲出了军警包围的天安门，向东交民巷各国驻华使节的特区“落荒”而去。“时昭涵威镇天安门，罗隆基独走交民巷。”这是五四运动一个略带喜剧性的场面。

清华两年的时间迅速地过去了。民九夏初庚申级的同学都到上海去办理出国手续。领护照、验身体、治服装，是其中比较重要的项目。护照由外交部发给。（清华学校隶属于外交部，后来改为国立清华大学才转隶于教育部。）每名学生由学校支付绰有余裕的“治装费”五百银元。家境清寒的同学也不会感受“经济压迫”。检验身体的主要目的是查看学生是否患有传染病，如沙眼、肺结核等症，因为美国法律禁止患这类病症的人入境。（其实在校时所有学生都经校医检查，上海的检查几乎是“官样文章”。）除了办理这些手续外，我们还要参加上海文化团体的“欢送会”。在上海有家属或戚友的同学更有另外的应酬。忙了约两个月之后，我们几十个人由王文显先生率领乘中国邮船“南京”号，于八月二十三日离开上海，去新大陆求学。

那时照旧法计算，我已经二十四岁了。因为我生长在一个旧式家庭里面，又养成了高度的书呆子习性，虽然面对着一个新时代（一个政治、社会、文化都在动荡的时代），我好像是视若无睹，漠不关心，岂但不关心，在思想上甚至趋于"反动"。我批评提倡白话文学者的言论，认为过于偏激。我不赞成"打倒孔家店"，认为反对孔子的人不曾把孔子的思想与专制帝王所利用的"孔教"分别去看而一概抹杀，是很不公平的。现在回想起来，我真是不识时务，但我不能承认我的看法毫无理由。民国二年（一九一三）庄士敦已经这样说过：

> 当我们欧洲人开始惊异地发现中国的社会和政治思想、中国的道德伦理、中国的艺术和文学都有崇高价值的时候，中国人自己却开始学着把他们文化当中这些伟大的产物加以不耐烦的鄙视……这是一个令人大惑不解的现象。
>
> It is a bewildering phenomenon……that just when we Europeans were realising with amazement the high value of China's social and political philosophy, her ethics, her art and literature, the Chinese themselves were learning to treat these great products of her own civilization with impatient contempt. ——R. F. Johnston, "*A League of the Sacred Hills*", *The Nineteenth Century*, February 1913, P. 306.

庄士敦的政治立场我们不必在此追究。他所说的"现象"确非捕风捉影。民国初年中国人开始学着的"不耐烦鄙视"不久之后便酝酿成熟而发生"全盘西化"一类的主张了。

民九以后若干年间国内政治纷紊，内战频起。民九的直皖、民十一（一九二二）的直奉、民十三（一九二四）的江浙、民十四（一九二五）

的浙奉等战争是其中最显著的例子。国内的现状如此，我只是埋头读书。这并不是因为我没有爱国心，而是因为我有一个自己的看法。国家兴亡，匹夫当然有责。但匹夫要能尽责，必须先取得“救国”的知识和技能。仅凭一腔热血，未必有济于事。读书应该不忘救国，但救国必先读书。这个看法适用于文人，也适用于现代的军人。我在出国的时候，胸中充满了兴奋（甚至乐观）的情绪，相信游学美国是取得新知识、新技能，因而对于担负匹夫之责有所准备的好机会。

我还有另一看法。我认为古人“学而优则仕”这句话有其真实性，但在现代的生活中，“仕”应当广义解释为“服务社会”，不必狭义解释为“投身政治”。政治不是人群生活的全体，政府也不就是国家。“从政”以外尽有个人效忠于国家于社会的行动场地。“匹夫”可以对祖国的经济、教育、科学、文艺等工作有所努力而肩负了“兴亡”的责任。如果我们把“仕”字解作“做官”，而说“凡读书而有好成绩的人都去做官”，在现代普及教育发达的国家里面，“高材生”不啻“车载斗量”，哪里有许多政府机关去容纳他们？不但如此，一个“自了汉”如果真能自了，乐业安分，仰事俯畜，不为国家增加社会、经济或政治负担，使政府减少内顾之忧，可以放心放手，用全力去办理内政外交的大事，这何尝不是匹夫略尽兴亡责任之一道？这不是说“自了汉”不关心兴亡。在一个民主国家里，他虽不从政，但可以留心政事。在选举民意代表和政府官吏的时候，他可以本着自己的见解和良心去投票，去执行“选贤与能”的义务。这更是匹夫尽责之一道。正因为他自己避开“仕途”，具有“管理众人之事”才能的领导人物便可以登进仕途，畅行无阻，充分地用其所长。至于“干禄”的政客，未做官时放言高论，做了官以后不辞“自求多福”，同流合污，所谓“穷则兼善天下，达则独善其身”，他们对于“兴亡”未必比“自了汉”有更真实的贡献。曾国藩说李鸿章“拼命做官”，这个判语是否确切，我们不必在此讨论。（李鸿章做官时会替清政府应付一些外交内政的疑难问题。）但我相信，一般拼命做官的人不但不为国家解决问题，甚至为国家制造问题，说得不客气一点，他们都是“亡国大夫”的胚子。孔子曾说，“孝友于兄弟”，“是亦为政”。他称许颜回，箪食瓢饮，不改其乐。他严斥“子张学干禄”，准许其他门人“鸣鼓而攻之”。我对于“仕”的认识，似乎尚不违背圣人之教。

上述的两个看法，我至今还不觉得有放弃的理由。自问求学数十年，所得甚微。少年的志愿都成了空想。这是由于我学力和能力的浅短，不能归咎于看法的错误。其次，我虽在幼年时曾做“兼善”的幻想，所幸后来尚有自知之明，知道自己没有“管理众人之事”的才干，因而藏拙安分，“舌耕”自了，无由犯“达则独善”的过失。

我这关于求学和出路的两点认识或者是我在清华学校两年肄业的最大收获。

五、问学新大陆（一）·密苏里大学的三年

“南京号”是一艘较小的邮船，船上的乘客几乎全是清华派送和少数自费留美的学生。我们清华同学在船上白天三三五五或聊天，或做各种游戏，毫无去国离乡的悲哀。船到日本，停泊了一天。我们全数上岸去横滨和东京“观光”。虽然“走马观花”，时间短促，两市街道的整洁固不必说，人民普遍的有礼貌和守秩序，尤其给我以深刻的印象。（例如坐公用电车的人都自然地、自动地，按到来的先后在车站上排成一列，电车来了，让车上乘客一一下车之后，才鱼贯上车，绝不拥挤争先。这虽然“无关宏旨”，但确是国民教育程度的一种表现。）我前此和许多中国人一样，不大看得起“东洋人”，现在我开始修改我的态度。

离开日本不久，“南京号”遇着太平洋的风浪。同学当中晕船的都“病莫能兴”。我侥幸是少数不晕船同学当中的一个。无论轮船怎样颠簸，我们仍旧能够在舱面散步，或餐厅进食。我当时曾胡诌了一首五言“古诗”，虽属“打油”，尚能约略描写那天风浪的声势和晕船同学的苦况：

海若驱长鲸，狂澜纵起伏。
人共天低昂，楼船轻一粟。
偃卧苦翻腾，跬步亦踯躅。
岂惟耳目眩，时觉喘息促。

同舟病莫兴，出哇肝胆绿。
黑云迎舟来，百尺苍龙矗。
舟穿黑云去，豪雨喧奔瀑。
骄阳忽耀空，篷窗尚淋漉。
晴光斜照海，回波走金镞。
横风向晚定，倚舷恣瞻瞩。
西天灿朱霞，东天张翠谷。
海水写天容，文绮万千幅。
襟怀顿如洗，俗尘何待扑。
谁谓风涛险，壮游得清福。

“南京号”到达旧金山已是九月中旬。经过例行各种检查以后，王文显先生率领我们上岸，在旅馆里住一两天，然后分途坐火车去各人所选定学校的所在地。去密苏里大学（University of Missouri）肄业的有李榦、李懋（芑均兄的令弟，自费生）和我，一共三人。这学校在密苏里州的可伦比亚市（Columbia，Missouri）。由旧金山去密苏里要经过尼瓦达（Nevada）、犹塔（Utah）、可洛拉多（Colorado）和堪萨士（Kansas）四州的境地。我在火车上观看沿途风景，与二李谈天，颇觉有趣。洛矶山（Rocky Mountains）与盐湖（Salt Lake）的山水尤为奇观。我当时曾把我初到美国所得的感想和所见的风物，做如下的记载：

楼船驾飚轮，破浪越万里。
横渡太平洋，小住三藩市。
山城控海隅，形势壮可喜。
崇构摹云霄，门窗望迤逦。
物阜人自康，民和政斯美。

步入唐人街，仙凡殊彼此。
喧嚣萌故态，尘浊不知洗。
吁嗟炎黄胤，而供异类訾。
电车走铁道，游客行未已。
无垠北美洲，禹域差足拟。
盐湖水浩瀚，洛矶山岌嶬。
山水纵奇观，人物思旧史。
自由开国风，新民立政轨。
一百五十年，雄声播遐迩。
方策徒仿摹，每成逾淮枳。
在德不在鼎，畴能悟兹理。

我们三个人到达可伦比亚时，大学已经上课。所幸入学手续早已办妥，只须向学校报到选课。芑均兄学新闻。密苏里大学的新闻学院在那时是首屈一指。他的弟弟学工程。这个大学的工学院虽没有赫赫之名，却也够得上水准。我去密苏里有两重目的。一是我也有志于新闻事业；二是叔玉兄在那里经济系肄业，我想和他做海外的同学。他知道我要到密苏里，十分高兴，要我先期通知他我们到达可伦比亚的时间。我们的火车到站时他早已在站上等候。他照料我们，送我们到他预先代为订好的住处，第二天上午陪同我们到学校去办报到和选课等手续。

芑均和我同去见新闻学院院长韦廉士先生（Walter Williams）。他指示我们除了必修的新闻学课程以外，应该尽早选修近代史、政治学概论、经济学原理、社会学、哲学概论等课程，以求开展视界，扩大知识范围。新闻学是职业性的（professional）的学科，但必须辅以“自由教育”（liberal education）的课程，才能避免眼光狭隘的缺点。我们当然遵照他的指导。“新闻学原理”和“初级新闻采访”是必修的课程，我们没有选择的余地。

芑均兄和我一同选了“欧洲近代史”。他选了“经济学”和其他一门课程。我选“哲学概论”和“社会学”。（此后在密苏里大学的三年中还选了哲学史、心理学、人类学、政治学、教育学、植物学、法文、德文、艺术等课程。）

我们的第一堂课碰巧是克尔勒教授（Robert Kerner）所授的“欧洲近代史”。我们人地生疏，费了一些时间才找着了教室。上课铃早已响过，教室门也已经关上了。我们迟疑了一下，鼓着勇气，开门进去，发现这一个大教室几乎被至少六七十名学生坐满。克尔勒先生讲授史实，绘影绘声，令人忘倦，因此很受学生的欢迎，选修的人每年都不在少数。韦廉士先生是当代美国新闻学的“大师”。他讲“新闻学原理”这一门课，胜义络绎。郝真教授（Jay William Hudson）讲授“哲学概论”，深入浅出。艾尔吾教授（Charles Ellwood）主讲“社会学”“人类学”等课。他是知名的社会学家，对栽培后进十分注意。我们对所修的课程多感到满意。令我“伤脑筋”的课程是“初级新闻采访”这一门。除了在教室里听取教授讲明采访技术之外，大部分的时间都用在火车站上访问下车的乘客。这些男女老少的人们，行色匆匆，极少愿意答复我们“记者”的访问。即使偶有几位愿意答复我的问题，他们所说到可伦比亚的原因却极其平常（例如来看朋友或探亲戚），没有“新闻价值”，没有在《密苏里人》*Missourian*（新闻学院为学生实习所办的日报）上刊登的资格。学期终了，我虽然勉强“及格”，但做“无冕王”的野心打消了。知难而退，我放弃了新闻学。同时我对哲学发生了浓厚的兴趣。到了第二学期开学的时候，我居然是哲学系的学生了。

哲学系那时只有郝真和佘宾（George H. Sabine）两位教授。主修哲学的学生，连我在内，一共不过四五名。这是一个冷系。两位教授尚没有赫赫之名，但确都饱学深思，尽心启发学生。系主任的名义和职务由两人轮流担负，系里的课程由他们分别讲授。两位先生认为我孺子可教，时时加以启迪鼓励。

一年半的时间又过去了。一九二二年（民国十一年）六月我在大学本科毕业。因我成绩尚佳被选入全国性的荣誉学会 Phi Beta Kappa（这学会于一七七六年在韦廉玛利学院 William and Mary College 成立，后来国内各大学多有分会。每年由校中教授之为该会会员者，选毕业班和三年级学生成绩最佳者若干人入会）。清华官费留美，限期五年。我还有三年的官费，于是决定进研究院，在哲学系两位教授指导之下，继续求学，同时选定心理学为副修的学门。

美国各大学的研究院大都规定攻读硕士、博士的研究生，除必须修满若干学分的指定课程外尚须写论文一篇。哲学系的两位教授问我是否想写一篇有关中国哲学的硕士论文，我表示希望他们给我一个有关西洋哲学的题目。我的理由是：（一）我们中国学生到西洋求学应当尽量求得对西洋文化的知识，回国以后再去着手研究中国文化并不为迟。（二）在美国写有关中国哲学的论文，或有沟通中西文化的一点作用。然而我是尚在求学的学生，对于中国哲学没有深刻的了解，因而也没有介绍中国哲学给西方人士的能力。（三）那时美国一般大学图书馆里收藏有关中国的书籍为数不多，密苏里大学图书馆尤其如此。我如作有关中国哲学的论文，必会感觉到参考资料的缺乏。（四）一般美国大学教授对中国文化未曾致力研究，似乎未必能够真正指导学生草写论文。（我当然不会向他们提出上面的第四个理由。我后来听说中国留美学生写有关中国的论文者颇有其人。有学术价值的作品固然有之，自欺欺人的也不乏其例。后者之中最可笑者是学土木工程的某君写了一篇《扬子江铁桥的构造》而“学成”归国。这样隔海修桥，比古人“闭门造车”的神通更加伟大了。）两位教授同意我的看法。佘宾教授说：“近来英国学者拉斯基（Harold J. Laski）所提出的多元政治理论，颇有研讨的价值。你愿意用这个题目作一篇论文吗?”我立刻接受了他的建议，用了八个月的时间写成长约二万字的《多元国家的理论》(*The Pluralistic Theory of the State*)。

一九二三年六月我获得硕士学位。两位教授知道我想继续进修，劝我到东部的大学去，不可久恋密苏里。郝真教授主张我去哈佛大学（他是这大学的哲学博士)，并且表示愿意向哈佛哲学系推荐我，准我入研究院并给我奖学金。佘宾教授劝我去康乃尔大学（他是这大学的哲学博士)。我考虑之后决定去康乃尔。理由是：

（一）康乃尔的哲学系是当时美国唯心论的重镇。无论个人是否接受唯心论，研究这一派的哲学可以得到精密思想的训练。

（二）康乃尔的狄理教授 Frank Thilly 精研社会及政治哲学。我对于政治思想，经佘宾教授的启迪和鼓励，发生了浓厚的兴趣，今后想在狄理教授指导之下，做更进一步的研讨。承佘宾和郝真两教授推荐，康乃尔大学研究院批准我入学的申请并给我以奖学金。

密苏里的教授们，除了哲学系的两位可以说是我的“业师”外，还有心理学教授迈尔先生 Max Meyer 和德文教授阿门特先生 Hermann Almstedt 最令我感谢难忘。迈尔教授的原籍是德国，他说话尚带着德国的语音。因为心理学是我的副修学门，我曾上过他所讲授的两门课程，并且在他指导之下做了一点研究工作。他不赞成旧派的“内省”心理学，而主张从生理上去分析心理。照他看来，一切心理现象都是刺激和反应的结果，而一切反应都基于生理的构造。他把这种机械观推到逻辑的终点，使他的理论有时与常识相反背。他有一句名言：“感情是白费了的反应。”“Emotion is wasted reaction.”他解释说：“一个人看见墙快要倒了，便不动声色，拔腿飞跑，因而未被压伤。这是有用的反应。如果他恐惧发抖，心慌腿软，不能走动，这便是白费了的反应。”他这一派心理学在美国那时颇受一部分学者的重视。已故清华大学心理学教授孙小孟兄（名国华）便曾受他的影响。我对于迈尔教授的学说，没有心得，他却赏识我，让我协助他做一些心理学的测验或实验。后来孙小孟兄对我说，迈尔先生在他所著的一部书里声明某些实验曾由我协助。他这朴挚的学者态度，不肯埋没学生一点细微的工作，值得感谢，也值得效法。

我从阿门特教授学了一年德文。（教第二年德文的是另一位教授。）阿门特教授采用“直接法”direct method 教初级德文。从头一堂起，他便避免讲英语。（虽然他说英语时发音正确，不像迈尔教授说英语时带着沉重的德国语音。）他一面说德语，一面做各样动作表达其意义。过了些时，学生都能大致听懂。他采用的课本也全是德文。方法既好，他又热心教授，学生的进步自然迅速。叔玉早已是他得意的学生，因此他对我也另眼看待。他不时约我们两兄弟到他家里吃茶点或晚餐。他和我们可以说是谊兼师友。民国十年（一九二一）的秋天我们在密苏里肄业的十多个中国学生举行扩大“双十”（也是“叁十”）国庆纪念，约请与我们接近的美国教授和同学来参加。节目中当然有唱“国歌”的一项。我们都不曾受过唱歌的训练，如果到那天胡乱一唱，难免让祖国丢脸。所幸阿门特教授允许我们的请求，到他家里去练习唱“国歌”。他弹一手好钢琴，委曲地伴奏我们荒腔走板的合唱。那时北京政府采用的“国歌”不是后来国民政府采用的“三民主义，吾党所宗……”，而是“中华雄立宇宙间，万万年……”。歌词的好坏，姑且不论，曲谱的作者似乎不怕拗折唱歌者的嗓子，所作的旋律忽高忽低，唱来实不容易。然而经过阿门特教授的耐心训练，到了十月十日，我们的表演总算勉强过得去。民国十二年秋天我去到康乃尔大学之后，时常和他通信。十五年回国之后，因为种种昏忙，我不曾去信问候他。一九四九年秋天我重游美国，他已年届八十，早经退休，得着我的信十分高兴，欢迎我去看望他。我也满想再到三年肄业的密苏里大学。不幸次年春间他突然去世，我永远失去了和他再见的机会。

我学拉丁文、法文和德文都浅尝而止（每门不过两年），虽然所得到法文、德文的一知半解给予我一些检查参考书的便利。我既缺乏“语言天才”，又不能在学生时代多抽时间，多下功夫去学习这两种重要的近代语文，现在回想，这和我儿童时代学日文有始无终是同样的可惜。差可引以自慰的是我尚有运用英文的一点能力。密苏里大学规定，大学本科学生，不分本国和外国人，必须在三年级以内参加测验英文程度的考试，不及格的学生不能毕业。李苣均兄和我居然都及了格。（有少数美国学生竟不及格，必须重行考试。）语文是治文学社会等学科不可少的工具，犹如数学是学物理、天文、工程等学科不可少的工具。我在美国教学十九年，发现在本科或研究生所交的报告或论文中，间有文字不大清通的例子，因而感觉四十多年前密苏里大学采用的英文考试制度是有道理的。同时我也发现有少数中国学生，因为他们的英文程度太低，到美国求学，往往有费力不讨好之苦，甚至虚耗时间与金钱，因而相信国内按年举行的留学考试是有意义的。

一九二〇秋、一九二三夏在密苏里大学肄业的中国同学当中，与我相处最熟的是萧蘧（叔玉，经济，清华戊午级）、杜钦（少门，历史、教育，清华己未级）、李榦（苣均，新闻，清华庚申级）和陈钦仁（青筠，新闻，清华辛酉级）四位。叔玉兄于一九二〇年毕业后入研究院，次年获得硕士学位，转学到哈佛大学。因为他的成绩优异，得着学士学位之后，被任为经济系的授课助教 teaching assistant。中国学生任助教，在密苏里大学尚是创举。苣均兄于一九二二年得着新闻学学士学位之后，改入哈佛大学研究院，专攻经济学。一九二五年得了博士学位，回国先后在中央银行、税则委员会和其他经济业务机关任职。青筠兄一九二三年学成归国，在沈阳东北大学、天津南开大学、北平北京大学等校任教之后，即用其所学，在汉口、重庆等地主办英文日报多年，卓有声誉。少门兄于一九二一年同时得着文学士（历史学）和理学士（教育学），即径入研究院进修史学。次年获硕士学位，赴哈佛大学继续研究工作。不幸到剑桥不久，发现他染着严重的肺结核症，被迫辍学休养，旋即回国，任教南京东南大学（中央大学的前身）。虽然病体未全康复，他力疾讲学，丝毫不苟，竟于民国十二年十一月十二日殁于校舍。少门原籍江西九江，幼年孤苦。所幸他天资聪颖，好学不倦，在清华肄业时成绩斐然，在美国求学时更为教授们所器重。最可贵的是，他不但通达古今，还能够应徵如响，辩才无碍。因此他时常被当地各种团体邀请去公开讲演。在不妨碍学校功课的范围以内，他也乐于应邀。有一次某教会邀请我们中国学生去听新从中国回来的一位传教士报告中国的近况。少门和我，还有其他几位同学都去听讲。谁知这位传教士把中国的社会描写得黑暗无比，几乎与野蛮社会毫无分别，并且大肆讥评。听众当中有略知中国情形者，大为不平，于此君讲完之后立即建议主席，请在场的中国学生发言。我们当然公推少门做我们的“发言人”。他站了起来，雍容不迫地，做了十几分钟，亦庄亦谐的谈话。他不直接驳斥传教士的错误，也不直接为中国辩护，但请大家注意，任何学识不够丰富、观察不够敏锐、胸襟不够开阔的人到了一个文化传统与自己社会习惯迥然不同的国家里，很容易发生误解，把“歧异的”看成“低劣的”。中国学生初到美国，有时也犯这种错误，他本人就曾如此。他于是列举若干美国社会里，众所周知、可恨、可耻或可笑的事态。每举出一桩之后，他便发问：“那就是真正的美国吗?”“Is this the true America?”他略一停顿，又自己答复，说：“我现在知道不是呀!”少门说完之后会堂里掌声雷动。这位传教士满面通红，无话可说。散会后许多美国人拥上来与少门握手，赞许他的谈话。我事后曾想：如果少门就传教士所说一一加以驳斥，或极力宣扬中国文化，夸张“孔孟之道”如何完善，“四千年的历史”如何光荣，听众可能会觉得索然寡味。他的捷才妙语，令我钦佩无已。

同时在密苏里大学肄业的远东学生，除了我们十多个中国人外，还有为数更少的日本、印度和菲律宾人。那两三名菲律宾学生都爱结交美国姑娘，在学业上似乎不甚出色。唯一的印度学生打算学医。他喜欢放言高论，但所说往往不着边际。日本学生和我时常见面的是青木岩。他和我同在哲学系肄业，又在一个宿舍里同住了一年。他同其他两个日本学生（似乎是一学农，一学工）都潜心向学，毫不外骛，他们朴实的态度给我以很好的印象。民国九年我经过日本时已感觉到我们看轻“东洋小鬼”是一个错误，现在我更觉得日本学生的不可轻视。我曾想，如果日本的青年人大部分都像这几个日本留美学生，这个岛国的前途未可限量。从我们中国人的眼光去看，确是可怕。中国同学笑我时时与日本学生来往，送给我一个“亲日派”的徽号。其实我并不亲日而有点畏日。就后来的史实看，我那时的感觉并没有错。看轻日本人而不自策自励才是错误。

我在可伦比亚的三年，第一年与叔玉同住在一家私人住宅里。美国各大学所在的城市里照例有许多大学附近的人家把一间或更多的房间租给学生住，按星期或按月收租金。一方面房主得着一些收入，一方面学生们也得着便利。（学校的宿舍往往不能容纳全数的学生。）中国学生到了美国，住在私人家里可以对美国人的日常生活得着亲切的认识，虽然学校宿舍的租金比较上更为低些。第二年夏天叔玉去到哈佛大学，我搬进乐理堂 Lowry Hall 宿舍去住。这宿舍在密苏里圣经学院 Bible College 的二层楼上（楼下是教室）。住在宿舍里的学生不限于基督徒，也不限于圣经学校的学生。中国同学除我以外，杜少门、饶引之、陈青筠等几位也曾住过这靠近密苏里大学校址的宿舍。住在这小型的宿舍里可以多与美国学生接触，借此了解他们的生活，同时又可以避免密苏里大学所办大规模宿舍的喧闹。第三年我搬出乐理堂，又住进一家私人住宅，以便“闭户读书”（看参考书，写报告，撰论文）。住在乐理堂宿舍的一年我认识了十多个美国学生，彼此之间都发生了友谊。主管圣经学院的院长是艾德华先生 Dean Edwards。我迁入宿舍的时候，他对我说，“欢迎！如果有任何问题，请你随时让我知道”。大约两个月之后，房门上的锁忽然失灵，我到楼下他的办公室去报告他，满以为他要雇一名匠人来修理。不到半个钟头，他自己拿着工具上楼来蹲在门边迅速地便修好了。（我们中国的院长先生们肯“屈尊”去修锁的，大概很少。他们也未必有这样的技能。）

可伦比亚是一个“大学城”college town。居民一万多人当中，有许多以供应密苏里大学几千教员学生生活和工作的需要为业。我们这十多个中国学生平日的言行都颇谨慎，因此当地居民对我们不但没有“种族歧视”，而且颇有好感。民国十一年直奉战起，国内政治波动，政府无暇顾及拨款汇美，交驻在美京华盛顿的留美学生监督处，按月发给清华学生。（那时候我们每人的月费是美金七十元，以为购买书籍文具、交纳房租、支付餐费、略添衣物，以及一切零星开支之用。学费由监督处直接寄交学校。那时美国物价比近年远为低廉，每月七十元足可敷用。如果加意节省，还可稍有剩余。）监督处发信通知我们，叫我们自行暂时设法应付。最初我们几个官费生向相熟的自费生借得一二十元暂充膳费。不料一等，两个月的时间过去了，“黄条”“yellow slip”（监督处每月寄来浅黄色的银行支票）仍旧渺如黄鹤，我们不便老去向自费生借贷，商量之下，决定向我们平日来往的银行去探问是否可以贷给我们一点“信用”借款。我们满以为可能会被拒绝。不意我们把来意说明之后，一位职员便问明所需数目，让我们各写借据，如数照借。所幸不久之后积欠的月费由华盛顿寄到了。我们立刻去到银行归还既无抵押，又不付息的借款，从这一经过可以看出当地人士对中国学生的态度。我在可伦比亚住了三年，初到时确是人地生疏。但不到一年，在市街或住宅区走过，随处都有人招呼我。一九二三年夏初我离开这一个人情温厚的“大学城”时不免有惜别之感。

我辞别了密苏里的师友，并未直接去康乃尔大学所在的绮色佳 Ithaca，而转道去伊利诺意州的爱文斯敦 Evanston，Illinois，以便进西北大学 Northwestern University 夏季学校。我的动机是：（一）爱文斯敦是米西根湖 Lake Michigan 西岸上的一个“大学城”，风景颇好，气候宜人，不像可伦比亚夏季的炎热，可以在此避暑。（二）爱文斯敦南距芝加哥 Chicago 不过十数英里，乘高线火车很快可达，“观光”美国中部的最大都会极为方便。（三）我在可伦比亚时曾不知自量在史蒂芬学院 Stephens College 学过两年小提琴，想在西北大学暑期学校中学一点音乐理论。

以我这毫无音乐天才并且年纪不小的人去学小提琴和乐理，诚然是胆大妄为。但我也有一番道理。中国古代的教育除了修己经世之学以外，还包括陶冶性情的“乐教”。在“六艺”——礼、乐、射、御、书、数——之中，“乐”也有其地位。孔子能琴能歌。他的门人当中能鼓瑟的至少有曾点和仲由，虽然后者有一次所奏的曲调不合老师的胃口而受到“由之瑟奚为于丘之门”的“喝倒彩”。孔子到了言偃治理的武城，听见弦歌之声，心喜得“莞尔而笑”。南宋以后的理学家才教人“正襟危坐”，把一种养性怡情的正当“游艺”打消了。记得我十来岁的时候听见人吹横笛、弹月琴，心里爱好，表示想学。一位长辈教训我说，“这是下贱的玩意，不可去学”。后来进了学堂，才胡乱学着吹奏笙、箫和笛三种乐器。我的“技巧”当然极其幼稚，不登大雅之堂，但偶然弄弄却可以排闷消闲。到了美国听过当代小提琴四大名手之一，艾尔曼 Mischa Elman 演奏，为之心怡神往，动意想学。明知有心无手，加以年过二十，绝无学成的希望，但终于从师去学。清华同学饶引之也有同好，于是我们结伴到史蒂芬学院开始受教。年余以后我居然在学生管弦乐队中小提琴第二组，学“南郭先生”“滥竽”充数。学小提琴的成绩虽然毫无足观，我对音乐的兴趣却愈趋浓厚。在西北大学得着一点初步的乐理和作曲知识。到了绮色佳又进绮色佳音乐学校 Ithaca Conservatory of Music 继续学乐理、小提琴，并且开始学一点钢琴。学钢琴比学小提琴更令我迷惘。顾到右手，顾不了左手，注意到手，忘怀了脚，真是左右为难，手忙脚乱。但也不是绝无所得。浅尝之后，略知其中甘苦，因而增进了欣赏提琴、钢琴音乐的能力。学作曲的唯一“成绩”是战后我应国立四川大学校长黄季陆先生之命所撰拟的校歌歌词和乐谱。（谱中和声部分有欠妥之处，曾经专家改正。）一九五七年我回台湾出席“中央研究院”院士会议，承季陆先生在他的府上设宴款待，并放听“国立四川大学校歌”的录音，令我回忆起当年在成都川大礼堂听全体师生合唱，“洋洋盈耳”的盛况。

我在密苏里大学曾学过两年水彩画和油画。我们中国人用惯了毛笔，画水彩画不难挥洒自如。美国人不知底蕴，见我上第一课已经用笔纯熟，颇为惊讶，误认我是天才的画家。白尔奇教授 Professor Perky 甚至劝我专学绘画，要推荐我去纽约的艺术家联会 Artists' League 进修。我虽感激他的鼓励和提拔，但自知绝非天才，不敢从命。我学画并不是妄想成为一个画家，而只是想增进一点鉴赏艺术的能力。

在爱文斯敦时，我曾在一家小型而“高级”的餐馆每晚去“跑堂”，一则可以借此做一点用手脚而不用心思的工作来调剂终年伏案的生活，暂时免受“四体不勤”之诮；再则可以获得一些收入来补充游历观光的费用。每天下午五点钟去报到，做种种的预备工作，并在顾客未来之前，自己先吃晚餐。九点多钟下工，回到寓所。在开始工作的头几天，一切生疏，不免有些慌乱。有时我竟会把一位顾客所要的菜放在另一位顾客的面前。最令人烦恼的是一群老太太同来聚餐，拿不定主意，才要了这样，马上又改要那样，使我应接不暇，捉摸不定。给小费又少，甚至不给。最好的顾客是一对未婚的青年男女，既容易侍候，给小费又慷慨。跑堂的人不但要小心侍候顾客，并且要博取厨师的好感。我“努力”的结果，居然得着他们的“青眼”。我代客人要的菜，他们尽先办好，并且选用最好的原料。顾客满意，自然多给小费。这是我在两个多月当中，由实践体会出来的“跑堂哲学”。

西北大学暑期学校在八月下旬结束了。我坐火车东去，在巴法洛小住几天，与青年会中学老同学张久香欢聚之后，便到绮色佳去进康乃尔大学。

六、问学新大陆（二）·康乃尔大学的三年

绮色佳是纽约州指湖 Finger Lakes 之一，伽佑湖 Lake Cayuga 边一个“大学城”。康乃尔大学在湖边的一个山上，正如我重庆家里书斋门上一副对联所说，“颇得湖山趣，不知城市喧”，虽然大学附近有少数图书、文具、衣着、食品等商店和几百家住户。我初到的一年在大学街 University Avenue 一家私人住宅里租了一间寝室。第二年我在校园外山涧旁边另一私人住宅里租得一房。窗外树木葱茏，泉声泠泠，真有尘飞不到之感。可惜房主因故离开绮色佳，新房主人口众多，没有余房出赁。第三年我在大学心理系怀欣滕 Professor Hoisington 家里和两个美国同学分别赁房居住。教授是美国西部阿里冈州 Oregon 的人。他和他的夫人待我们三个房客甚为厚道，几乎像自己家里的人。我们因此都能安居。到我将离开绮色佳时向他们告辞，彼此都有惜别之意。

绮色佳附近地方风景清丽，略有中国江南山水的意味。我和在教授家中同住的哲学系研究生何尔 Everet Hall 在周末或假日时常去探幽寻胜。我们最欣赏六里溪 Six-mile Creek 和华金谷 Watkins Glen。两处泉清石秀，美不胜收，各极其妙。我也时常去伽佑湖与二三同学泛舟。下面所抄我一九二五年所作的诗词各一首，虽不能为好山好水传神写照，却可以略表我的心赏：

六里溪

高树阴森石径长，林光澄澈度朝阳。
松涵古涧生虚籁，花隐幽岩吐妙香。
啼鸟迎人如款客，结茅许我便为乡。
晚钟山外催归去，小逭劳人半日忙。

摸鱼儿伽佑湖秋夕泛舟

问长湖贮秋多少，晴宵清丽如许。轻舟同泛空明影，约就二三游侣。湖上路，映一带寒烟，翠拥山无数。兰桡慢举。任习习微风，粼粼细浪，相送顺流去。　　逍遥处，一向登仙化羽。衣襟凉浸秋露。鸣弦娇颤商声起，谁诉愁怀凄楚。愁莫诉。君不见，山风湖月无今古。人生似旅。向客路非长，征尘易散，休叹旅行苦。

绮色佳三年在美好的自然环境之中，良师益友启迪切磋之下，愉快地也迅速地度过。康乃尔大学的哲学系在当时颇有名望。主讲的教授都是唯心论派的著名学者。他们远宗黑格尔，但并不墨守师法。谷徕滕教授 Professor Creighton 年事最高，声望最著。每年有一百以上的学生选修他的“哲学史”课程。我在密苏里大学已经修过这门课程，现在也随班旁听。此外我选修了他所指导的“形上学”研讨课程 Seminar in Metaphysics。可惜不到一年他因病逝世，我竟无缘窥见他学问的堂奥。我受益最多的教授是狄理 Frank Thilly、韩莽 William Hammond 和阿尔比 Ernest Albee 三位先生。狄理和韩莽教授都曾留学德国。前者专精伦理和政治学，后者专精美学和希腊哲学。阿尔比教授的专长是形上学和英国哲学。他学问渊深，思想缜密。但因他年过六十，患着心脏病，说话声音很低，听来颇为吃力。

他上课时，拿着他历用多年的讲稿，缓缓诵读。读了一段之后，他略停一下，问学生有无意见，借以引起讨论。有一天，他发问两三次，竟无人应答。他放下讲稿，微笑地说："为什么猩猩不说话？因为他们无话可说。"（Why don't chimpanzees speak? Because they have nothing to say.）韩莽教授风度潇洒，和易近人。我除了希腊哲学和美学外，还选了他为增进哲学系学生阅读德文书刊能力而设的一门课程。［所用的课本是温德邦所著的《柏拉图》（Windelband，*Plato*）。］上课时学生轮流口译书中的文字，误译的地方一一纠正，并且耐心地解释原文的意义。（三十多年以后，我在美国任教时，曾授一门为增进美国学生阅读有关政治思想和制度中文书籍能力的课程。我大体仿照韩莽教授的遗规，幸而不辱使命。）

我到康乃尔大学的主要目的是受业于狄理教授，三年当中我和他接触最多。因为我打算专研政治哲学，他当然被推为我的主任导师。他为我规划一切，极其周详妥善。个人求学的志趣和学业的平衡发展都同样顾到。他指导我，和其他研究生一样，注重思考启发而不偏向灌输知识。他有他自己的哲学立场，但不强人从己。反之，他鼓励学生各人自寻途径，自辟境地。学生所见纵然不合他的主张，只要是"持之有故，言之成理"，他也任其并行不悖。我认为他这种"教授法"不仅适宜于指导哲学系的研究生，也适用于其他任何学生。学生固然受益不少，学术本身或者可能因此而日新月异，继长增高。我在康乃尔大学肄业时狄理教授已是六十岁以上的学者。他不但诲人不倦，并且学而不厌。晚餐之后，他经常到大学里他的书斋去阅书或写稿。一灯荧然，每过乙夜①。后来我在国内外大学任教，看见若干同人在晚间（甚至日间）"无所用心"，或"博弈"，或"聊天"，因而对于狄理教授的钦佩，不禁历久而愈深了。

狄理教授是我在康乃尔大学肄业时的业师。政治系的恺德林教授

---

① 乙夜指二更时候，约为晚上十点。

Professor George E. G. Catlin 给予我的启迪和鼓励也使我毕生难忘。他是英国人，在牛津大学毕业后到康乃尔大学研究院来进修。因为他博览敏思，政治系请他讲授政治思想的课程。于是他同时具有两重身份：政治系的助教授，哲学系的研究生。他是我的老师，也是我的同学。（但我只当他是我的老师。）我在他所指导的近代政治思想研讨课程不时发言，每每得着他的赞许。我交上去的专题报告都蒙他评为甲等（“A”）。我写博士论文时，他悉心与我研讨。我对若干理论问题的看法与他的主张不甚符合，因而时相辩难。他任我自申所见，并不为忤。一九二六年五月我的论文脱稿，他立即介绍到英国出版。我回国之后他继续关心我的学业。民国十六年（一九二七）我在天津南开大学任教。他来信劝我向美国学术团体联合会申请研究补助金，以免浮沉于粉笔生活之中，学无长进。不幸联合会对我研究中国政治思想的计划不感兴趣，因此所请不准，辜负了恺德林教授的美意。中日战争期中（大约是民国二十七或二十八年）他访问中国，到了行都重庆曾探问我的下落。可惜他来去匆匆，我在成都任教，不能赶到重庆去看他。（他的探问引起了一个可笑的谣传，说我在英国留学时曾与英后同学，因此英国代表要探问我。有一个国立四川大学的学生问我是否如此，我才知道有这谣传而得着辟谣的机会。我说：“我是美国留学生，从未去过英国。”）一九五八年他应美国华盛顿大学政治系邀请做一星期的学术讲演。他一到学校便问起我。我那时正在这校任教，听见他来了，便去看他，畅谈了几次。学术、时局，以及康乃尔大学的旧事都在我们谈话范围之内。这是我二次到美一桩最愉快的事。

一年的时间过去了。一九二四年的夏末我的主任导师狄理教授商得有关各教授的同意，让我应主修系（哲学）和副修系（政治）的各门笔试，以及测验法文和德文阅读能力的笔试。我侥幸一一都及格了。这样我算是取得了“博士学位候选人”的资格，可以着手草写博士论文。

当我向康乃尔研究院申请入学时，我遵照余宾教授的指示，把我的硕士论文寄呈哲学系。狄理教授阅后颇为满意。现在他问我是否愿意写一篇有关政治多元论的博士论文，对这题目做更进一步的研究。我答复他说，不及两万字的硕士论文只做到政治多元论的初步分析。其中第五章阐述多元论的哲学和伦理意义，全文不过三千字，更嫌简略肤浅。我很愿意得一机会试作比较深入的探讨。他说："甚好，你就这样做罢。"

论文题目决定之后，我从速进行搜集阅读有关的资料，同时再度细看前次用过的书籍期刊。到了一九二五年初夏这两项工作大体完成，论文内容的轮廓也粗具于胸中。我计划（一）写一篇绪论，说明政治多元论与政治一元论历史上和理论上的关系。（二）从法律、政治、经济、伦理、哲学各方面去阐明、分析和检讨多元论，以求对于这新出来的政治学说得到比较完全而真切的了解。（三）作一篇结论去估定多元论在政治思想史中的地位。我写了一个分章分节的论文大纲，经狄理教授和其他导师审阅之后，便着手去写论文的初稿。

若干年后，我也忝任研究院导师。当学生问我应当怎样运用资料，撰写论文的时候，我往往把我自己写论文的经验提供他们参考。我要他们注意，我所用的方法既不是最好的，更不是唯一的，不同的题材必须用不同的方法去处理。但在一般情形之下，我所取的途径是可以走得通的。胡適先生谈治学方法，曾提出"大胆假设，小心求证"的名言。我想在假设和求证之前还有一个"放眼看书"的阶段。（"书"字应从广义，解作有关研究题目的事实、理论等的记载。）经过这一段工作之后，作者对于研究的对象才有所认识，从而提出合理的假设。有了假设，回过来向"放眼"看过，以至尚未看过的"书"中去"小心求证"。看书而不做假设，会犯"学而不思则罔"的错误。不多看书而大胆假设，更有"思而不学则殆"的危险。"小时不识月，呼作白玉盘。"不识月而作的白玉盘"大胆假设"，是无论如何小心去求，绝对不能得证的。这个错误的假设，无关宏旨，不至影响小儿本身或其家人的生活。"学者""思想家"的错误假设，非同小可，可能会产生重大的后果。照我看来，不曾经由放眼看书，认清全面事实而建立的“假设”，只是没有客观基础的偏见或错觉。从这样的假设去求证，愈小心，愈彻底，便愈危险，近年来有若干欧美的“学者”因急于“成一家言”，不免走上这一条险路。杨联陞教授在一九六〇年参加中美学术合作会议（Sino-American Conference on Intellectual Co-operation）时曾含蓄地指出这个倾向。他说美国“史学家”的长处是富于想象力(imaginative)，如不加以适当的控制，他们可能会“误认天上的浮云为天际的树林”（mistake some clouds in the sky to be forests on the horizon）。我想这和把月亮呼作白玉盘，同样不足为训。

我所谓放眼看书包括两层工作：一是尽量阅览有关的各种资料，二是极力避免主观偏见的蒙蔽。有关资料可以分为直接的和间接的两大部分。直接资料包括有关研究对象的原始著作。（例如赖斯基的著作是研究政治多元论重要的原始资料。）述论原始著作的文字［例如佘宾教授在《美国政治学评论》（*American Political Science Review*）中所发表的一篇论文《多元论——一个观点》（Pluralism：A Point of View）］也是直接资料。间接资料的范围颇广，一切有助于扩大视界、加深了解而与本题没有直接关系的文字都在其内。比较地说，研读直接资料应力求精悉，参考间接资料宜致其广博。

为研究专题、搜集资料而看书，当然不是漫无目的、无所取舍的“浏览”，但也不可全凭主观，只摘取与己见相符的思想或事实以为证据，而自圆其说，把一切不相符的思想事实，悉数抹杀，予以视若无睹、存而不论的处置，坦白地说，这是一个自欺欺人的下流手法。荀子书中有三句名言：“以仁心说，以学心听，以公心辨。”我们如果把这三句话改成“以学心读，以平心取，以公心述”便可以作为我们写学术性文字的座右铭。

我幼年时听见家里长辈说，族兄焱文读书，过目不忘，为之羡慕不已。我的记忆力既然不强，只有靠笔记来补助。阅书时看见有重要的文字便随手记录在纸片上。每晚休息以前把当天所得的纸片，按其内容分类，妥放于木匣之内以备日后随时查检引用。到了着手草写论文时，积存的纸片不下数千。事实上我无须取出这些纸片，一一重看。因为书中的文字经我用心看过，用手录过（所谓心到手到）之后，在我的脑子内留下了印象。不能过目不忘的我，采用这笨拙的方法，勉强做到了过手不忘。

一九二五年初夏我开始写论文的初稿。我问狄理教授是否每写一章，送请他审阅，他说不必如此。从平日我向他报告我的研读结果时，他已经知道论文的内容，认为没有问题。他又说："关于政治多元论的种种，到了现在，你所知道的应当较我为多。我未必对你有多少帮助。何况这是你的论文，你应该根据你自己的心得去撰写。导师的职务不是把自己的意见交给研究生去阐发，而是鼓励他们去自寻途径（to find their own way），协助他们去养成独立研究的能力（capacity for independent research）。不过，如你愿意，可以写好两三章，拿来给我看。"

孔子说"辞达而已矣"。朱熹《集注》做这样的解释："辞取达意而止，不以富丽为工。"这真是作文的最高原则，写论学的文字时尤其要谨守不渝。我前此写硕士论文和研究报告时尚知谨慎小心，辞求达意，因而侥幸寡过。现在草写博士论文，不知自量，竟妄想在文辞上刻意求工。于是咬文嚼字，写了一篇将近三千字的"导论"，兴冲冲地送交狄理教授，请他过目。两三天之后，他给我电话，要我从速去见他。我一进他的办公室便知事情不妙。他面带怒容，从书架上拿起我的草稿，扔在桌上，说了"这完全不行"（This wouldn't do at all）一句话之后，便坐着默然不语。我只好拾起草稿，悄悄地退了出去。我知道他原来对我期望颇殷，现在我却使他大失所望，难怪他生气。我那时心里的难受，真是无辞可达。回到寓所，"闭门思过"的结论是，导论所以"不行"，完全由于我违背了"辞达而已"的教训，妄想刻意求工，反致弄巧成拙。补救的唯一方法是重新另写。一个多月以后我拿着重写的导论和第一章"多元论与法律"（后来定稿时分为两章）的初稿，去请他审核。过了几天我去见他时，他高兴地说：“这就是了。你放手写下去，不妨等全稿写完后拿来给我看。”

从一九二五年八月起，我把绝对大部分的时间用在写论文上。所幸写硕士论文时我已习惯在打字机上起稿。这比先用笔写，然后用打字机誊正，既节力而又省时。初稿完成后我仔细一再修改，到了次年五月初，长约八万字的论文才算脱稿。狄理教授和其他几位导师阅过后认为满意。我录成正本，送呈研究院。论文工作于是终结。恺德林教授把论文介绍到伦敦奇干保禄书局（Kegan，Paul，Trench，Trubner & Co.，Ltd.），请编辑部考虑出版。民国十五年（一九二六）秋天我在上海任教时接到书局来信，决定把我的论文付印，并列为“国际心理学哲学及科学方法丛书”（*The International Library of Psychology*，*Philosophy*，*and Scientific Method*）之一。我当然喜出望外。一篇毕业论文一字不改，由英国一家重要书局出版，这已是难得的机缘，同时收入一套著名的丛书，与八十多种名著，如梁启超《中国政治思想史》的英译本、罗素《物质的分析》（Bertrand Russell，*The Analysis of Matter*）、柯复嘉《心的生长》（K. Koffka，*The Growth of the Mind*）等并列，于我更是无比的殊荣。纵然我的幼稚作品羼入其间，无异“狗尾续貂”，我仍禁不住欢欣鼓舞，增加了研究写作的自信心。狄理教授的策勉、恺德林教授的提携，使我感谢不尽。

章实斋曾这样说：“人生禀气不齐，固有不能自知适当其可之准者，则先知先觉之人，从而指示之，所谓教也。教也者，教人自知适当其可之准，非教之舍己而从我也。”如果大学教育的功用不只是教师把已得的知识传授给学生，而是前辈指引后辈，使能各就其适可之准，向着学问之途，分程迈进，狄、恺两位教授可以说对我用了教育家最好的方法，尽了教育家最高的责任。

我在康大肄业三年，最大部分的时间用在选修课程和草写论文上面。但我有一些余暇去听学术演讲，欣赏著名音乐家的演奏，到绮色佳音乐学院去学音乐和与三五同学去观山玩水。最值得追忆的学术演讲是一九二四年秋天（或次年春天，不能确记了）杜威先生应法律系的邀请，来校讲“法律与逻辑”（Law and Logic）。除了法律系和哲学系的学生外，别系的学生去听讲的甚为踊跃。一间可容五百多人的讲堂完全坐满，来迟一点的只好站着听讲。名重一时的杜威先生似乎不擅长演讲。他站在讲台上，把讲稿放在桌上，俯首低声，一句紧连一句地读着。我聚精会神，倾耳谛听，勉强了解他所讲的大意。我想听众当中定有不少人同我一样，听得十分吃力。第二次演讲时，来听的学生不过第一次的半数。到了第三次，也是最后一次演讲时，讲堂里的座位三分之二是空着的。我听讲所得，除了略知杜威先生对于法律的见解外，发现演讲的一个大忌：埋头念稿，旁若无人。我还有另一收获。拥有五十多个会员的康乃尔大学中国学生会派我去邀请杜威先生来茶会，借以向他表示敬意，并向他请教有关治学为人的问题。他慨允到会，与我们随意谈话。诚恳温厚的风度，使我们十分敬爱。我曾问他中国积弱的主要原因何在。他的答复是：“中国文化过度了。”“（China is overcivilized.”）言简意赅，发人深省。

七、归国途中

一九二八年六月中旬，我参加康乃尔大学的毕业典礼，正式结束了我二十四年（十三年在家塾从师，十一年在学校肄业）的学生生活。在这求学的过程中，一个五六岁的小孩子成了逼近三十岁的壮年人。据说英国文捷学院（Winchester College）的校训是“不学不去，不免夏楚”（aut disce，aut discede；manet sors tertia，caedi）。我既不继续求学，当然应该离去。纵然没人会施夏楚，我并无逗留的理由。我从容地办理手续，收拾行装，辞别师友，在一个七月中的阴天，首途归国。在漫长的旅途中我曾检讨留美求学的结果。我自问，在这六年当中，我得着了什么？

最显而易见的是：我走完了大学教育的历程，猎取了学士、硕士、博士三个学位。其实学位只能表示一个学生，按部就班，修完了“最高学府”规定的某种学程，而未必表示他的真实学问。我知道若干中国学者在欧美大学中研读多年，只求学问，不受学位。史学名家陈寅恪先生是其中最特出的一位。真有学问的人绝对不需要硕士、博士头衔去装点门面。不幸是有些留学生过于重视学位而意图巧取。他们选择学校、院系、课程，以至论文题目，多务在避难就易。他们得着了学位，但所得的学问却打了折扣。更不幸的是另有一些人在国外混了几年，回国后自称曾经某大学授予某学位。他们凭着假学位做幌子，居然在国内教育界或其他事业中混迹。我是一个平庸的人，既做不到无学位而有学问的境界，也没有骗取假学位的技巧，只能走上学问未真而学位非假的这一条路。

由于自己的兴趣所驱使，在师友策励之下，我在六年当中获得一些有关西洋哲学、历史、社会、政治的片段知识。哲学是我的主修学门，但所知不能深广。稍可引以自慰的是我对于西洋文化尚能略知其梗概，对于西洋学术尚能略窥其门径，对于研究学问的方法也略有所领会。换句话说，六年的留美让我建立了今后学术工作的初基。还有可以引以自慰的是，我认识西洋文化的优点，却不鄙视中国的固有文化，以为毫无价值，必须悉与抛弃。“全盘西化”的主张者对于中西文化未能充分了解，他们的主张是错误的。我相信中国文化和西洋文化都有优点和缺点，我们要用虚心的批评态度同时去检讨中西文化。囫囵吞枣式的中国文化论——数千年的文化积累必须一笔勾销或不合时宜的“国粹”应予全部保留的主张——我们不能接受。我出国以前读过的一些中国书，也得到一点实际生活的亲身体会。由此我得到一个认识：中国文化当中固然有不合时、不合理的成分，但也有若干观念仍然有现代的意义。例如“民惟邦本”“天视自我民视”“临财毋苟得，临难毋苟免”，乃至“户开亦开，户阖亦阖；有后入者，阖而勿遂”等，在今日任何“文明的社会”里都可以适用。根据这认识，我立了一个志愿：我今后要利用留美所受的一点训练，所得的一点知识，去从长研究中国文化。我在美国曾研究西洋政治思想，我回国后的主要工作当是中国政治思想的研究。

就我在密苏里大学和康乃尔大学观察所得说，那时候美国大学的学风是比较健全的。（密苏里是中部的州立大学，康乃尔是东部私立大学。其他各地大学的情形虽然不一定与这两校相同，但也不至于相差甚远。）教授们多能专心治学授课，本科和研究院的学生多能用心读书。在国家富强、社会安定环境之中，青年知识分子很少做“政治活动”。我在密苏里大学第二年（一九二一年秋天）一个美国学生约我去参加马克思主义讨论会。我为好奇心所驱使，同着他去参加。到会的不过十几个人，讨论也不精彩，不久这会就无形地瓦解了。各大学中有不少学生因为家里的经济不宽裕，一面做工，一面求学。他们断然不肯虚掷光阴，荒废学业。这不是说美国大学生都“少年老成”。本科二年级的学生多半还保持着中学生的幼稚心理和淘气的习惯。每年秋季一年级新生入校之后，在一定期间，照例要受二年级学生的种种侮弄。等到次年他们升入二年级，就可以把自己受过的待遇，“如法炮制”或“花样翻新”转以加之于新来的一年级学生。（二次世界大战发生之后，这种风气无形中归于消灭。近几年来，美国若干大学中有少数“活动分子”批评学校的措施，提出当局碍难允许的要求，继之以罢课示威，聚众叫嚣，破坏秩序，侮慢师长，甚至盘据或捣毁办公室。三四十年前的淘气学生比他们驯良多了。）各大学中有少数男女学生加入“兄弟会”（fraternities）和“姊妹会”（sororities），目的是便利社交，寻求娱乐。据说有些兄弟会要“兄弟”们汇存大小考的试题，积之既久，每一教授历年所出的题目都“有案可稽”，便于揣摩。甚至设法取得试题的正确答案，以供成绩较差的参考，以免应试时不能及格。这种近乎作伪取巧的办法，如果有之，确是求学的魔障。

美国的人情我也曾加以肤泛的观察。我所得的印象是中部的人比较上朴质而忠厚，虽然和南部各州的人一样，他们一致歧视黑人，在黑白之间划了一条不可逾越的界线。例如黑人不许住白人的旅馆，进白人的餐厅，坐白人的公共电车。可伦比亚的电影院卖票给黑人，但只许他们经由一道狭而且陡的楼梯到为他们特设的简陋座位上去看。［有人开玩笑地叫这坐场为“黑天堂”（Black Heaven）。］黄种人偶然会被轻视，但尚不受歧视。极少数未受教育的美国人会称日本人为“假仆”（jap），中国人为“侵客”（chink）。绝对多数的中部人士不但不歧视亚洲各国的学生，而且往往善意地结交或照拂他们。有些居民时时约我们中国学生到他们家里去进晚餐，吃茶点。餐厅、旅馆当然任我们随意照顾。这种一视同仁的态度，并不限于可伦比亚的人士。例如我在爱文斯敦，到餐馆去接洽“跑堂”的工作时，老板说："你的待遇，完全和他们一样。"（"他们"是其他几个在餐馆工作的白人。）也许是由于工商业高度发展的影响，美国东部和各地大都会的人，一般说来，对人接物不及中部人的友善和恳挚。他们对东方人的态度大概倾向于冷淡而不显示轻蔑。六年留美的期间，我不曾在西岸、西北和西南各地住过。但听说西部各州开辟最晚，人情比中部更为敦朴。我在康乃尔大学肄业第三年的房东怀欣滕教授夫妇的原籍是阿里冈州（Oregon）。他们俩十足地代表西部人士的风格。十九世纪末年西岸排斥华工，在美国历史上留下一个污点。但推原其本，起于经济利害的冲突，不是纯粹的种族偏见作祟。

美国人最显著的长处是抱乐观，有朝气。他们奉行"天助自助者"的信条，不肯无报酬而工作，也不愿无功而食禄。到可伦比亚不久的一个星期天下午，我同着一两位中国同学在住宅区街上散步的时候，遇着一个大约四五岁活泼清秀的男孩。我们招呼他，他很有礼貌地与我们谈话。我送他一个小银币去买糖吃。他说："谢谢你，先生。但我不曾为你做任何事，我不能接受你的银钱。"这位小朋友的话可以算作"美国精神"的一种说明。［罗素在他一九二二年出版的《中国问题》（*The Problem of China*）这本书里曾说"美国精神"（Americanism）不过是"清洁的生活、清洁的思想和奔腾的活力"（clean living，clean thinking，and pep）。作者所说虽意存讥刺，却是言之有物。］这种努力迈进，自求多福，一介不轻取与的心理，可能一部分是十七、十八世纪殖民者的遗风。他们远离祖国，到新大陆去寻求宗教自由。登岸定居不久，又自东徂西，跋山涉水，去开荒立业，并且随时随地，与印第安人做生死的斗争。这比中国传记所载记楚人立国，"筚路蓝缕，以启山林"的经历，其艰险大有过之。后来国基稳固了，生活也安定而渐富裕了，殖民时代的奋斗精神随着环境的变迁而转为重实用、乐进取的心理。（杜威哲学可以说是这种民族心理的升华结晶。）这种心理也有些短处。不慎选目标而追求进步，有时会转为喜新好异，把新异的当作优越的。美国一般人喜新厌故，有点像小孩子。此外他们求效过切，有时养成一种少耐心、期速成的幼稚心理。美国从开始殖民到世界大战，历时只有三百多年，是一个比较后进的国家，也可以说是一个比较年轻的民族。其次，美国多数的人过重实用，有时倾向于一种重物质而轻“精神”的人生态度。技术和经济的进展，逐渐于无形中冲淡了殖民时代的宗教情绪，增加了新世纪物质享受的要求。致富是个人“成功”的主要标的。“白手兴家”，由赤贫而成巨富的人是社会里赞扬和歆慕的对象。在许多欧洲人的眼中，新大陆是机会无穷的福地。横渡大西洋的移民愈来愈多。这些移民，尤其是来自中南欧各国的移民，在种族上和文化背景上与从前来自英国的殖民者有若干差异。种族与文化交杂融会的一个结果是殖民时代留下来的遗风继续冲淡。任何民族经过长久的时间，在生活方式、心理状态上必然有所改变。一个民族也许会像个人一样，在生存的过程中有童年、少年、壮年和老年的阶段。二十世纪初叶的美国似乎正当少年与壮年间过渡的时代。今后是否会像历史上的重要民族一样，由少壮而归于衰老？这是我在旅途中所提出而未能索解的一个疑问。

我对美国的政治也曾做管窥蠡测式的观察。“合众国”是近代国家实行民主政治最成功的一例。十三殖民地的人携带英国的政治传统来到新大陆。地方自治，他们早有经验。宪法保证的公民权利，他们早已享受。美国革命爆发，正因为他们相信祖国政府违背宪法，侵犯了他们的权利。一八四二年一位美国法官曾问一个九十多岁，躬与一七七五年康可（Concord）战役的上尉，为了什么农人们要打英国人。他答复说：“我们一向自己管治我们自己，我们并且要一直这样做。他们却想不让我们这样做。”（We had governed ourselves，and We always meant to. They did not mean we should.）这样宁可革命流血，不肯放弃自治权利的“农人”是美国民主政治的基层柱石。一七七五年独立战争发端，一七八七年联邦宪法制定，一七八八年第一任总统就职，一八六一年到一八六五年的南北战争加强了永合无分的国体。此后民生丰裕，疆宇开拓，国力充沛。建国百余年来，从不曾发生过武力夺取政权的现象。四年一次大选，获胜者当国，成为政权和平转移的定制。美国的经历说明了一个事实：富强康乐的政治生活可以径由民主宪政之途而达到。这诚然不能不归功于许多公忠明哲的政治领袖，但我们也不能不承认具有“政治智慧”的人民是民主政治的基本因素。我们也可以说，有了这样的人民才会有那样的政治领袖。

美国的政治大体健全，但仍有一些显而易见的疵病。姑举一点来说。美国人有时讥评东方国家里官吏的贪污。其实在民主法治的美国也不免有少数贪官污吏，不过他们不敢明目张胆去行事，而且一旦被人举发便难免受法律的制裁。一九二三年的“茶壶顶”（Teapot Dome）贪污案是一个著名的例子。内政部长傅耳（Albert F. Fall）假公济私、贪赃舞弊，经参议院调查属实，引咎辞职，旋经法院审明有罪，判了监禁一年、罚锾十万元的处分。同时各方面盛传其他各级联邦官吏也有贪赃枉法的嫌疑。有人认为第二十八任总统哈定（Warren G. Harding）的政府是美国有史以来最贪污的一个。（他在当年八月突然死去，总算脱了干系。）他在一九二〇年以压倒的多数击败政敌而当选。这一次美国民意的表现，可以说是“谬以千里”。

“唐虞之治”，照中国古书说，是至美尽善的政治。东汉思想家王充“拆穿西洋镜”说尧舜的“太平”是“儒增”的产品。儒者称述二帝的治绩，言过其实，意图引起后人的景慕。王充的意见是否正确，我们不必在此讨论。我认为就人类的经验来看，我们只有彼善于此的政治制度而不曾有完美无缺的政治制度。政府是人的组织。组织政府的人（治者和被治者）不是至圣极哲的完人。他们所组织、所运用的政府也必然有缺点。（政府品质的优劣与他们政治智能成正比例。）美国也有贪官，这不是值得惊异的事。美国的民主宪政不是完美无疵的政制，而只是一种比较良好的政制。人民大体上有健全的品性便可以运用这种政制而收到大致满意的效果。健全的人民——这是美国的政治资本。他们有时会误选德能不高的总统、议员、官吏，但这些都不是不可挽救的错误，下一次的选举就是他们改正缺失的好机会。

上面拉杂写出我乘火车由绮色佳到芝加哥途中的一些感想。在芝加哥我改乘大北铁路（Great Northern Railroad）火车去西雅图，然后搭轮船回国。上车不久，发现清华辛酉级同学吴国桢也在车上。他新从卜林斯吞大学（Princeton University）得了博士，离美回国，与我不期而同乘这一班西行的列车，并且也将要同乘“麦金利总统”轮船（S. S. President McKinley）去上海。我们的座位不在同一节车上。当火车开行了一二小时之后，我离开座位去散步，走进另外一节车里，远远看见许多美国妇女围着一个东方人在谈话。走近一看，才知道吴兄正在用外国纸牌为她们卜问未来的吉凶休咎。他口若悬河，说来头头是道。她们争先恐后，恳求这位“先知”指示前途。

一位与我同乘一节火车的美籍传教士过来与我攀谈。他说他回国休假期满，现在又要到山西太谷去继续传播“福音”。他听见我曾在美国大学得有博士学位，对我十分友善，并希望我们回到中国后彼此保持接触（keep in touch）。第二天这位恩非德先生（Enfield）又来与我闲谈。他很高兴我们将同乘“麦金利总统”号渡海，问我所订船舱的号码。我说：“我没有船舱号码。轮船公司把统舱（steerage）的一小部分隔开，辟为学生舱（students cabin）。我在这舱里预订了一个床位。票价跟统舱一样，真是便宜。”他似乎略有惊讶之色，稍坐一下，便回到他的座位上去了。火车不停地西驰，沿途经过不少风景壮丽的地方。尤其是远望冰川国家公园（Glacier National Park）里的高山，层峰积雪，皎洁空明，颇有玉宇高寒之致，令我胸怀为之一旷。

在西雅图基督教青年会宿舍里住了两晚，船期到了，我雇车带着行李上船。“学生舱”设备极其简单，但尚属清洁。同舱连吴国桢和我共有九个中国留美毕业生。我们互相自我介绍之后成为“同舟共济”的朋友。一日三餐由船员按时送来，虽说不上丰盛，倒也足以可口充饥。除了头等舱客人的领域外，我们可以自由走动。风平浪静的时候，我们都到甲板上去散步，观看海景。（某天上午，我散步时无意中抬头仰望，恰巧同火车的传教士站在头等舱甲板的栏杆里俯首下瞰。四目相对，似曾相识。但他立刻掉头他顾，未招呼我。我当然也不曾招呼他。我那时心想，到中国后“保持接触”的诺言无从实践了。）我们九个人晕船的程度不齐，有的在略有风浪时便不能起身，有的在船身颠簸颇甚时仍旧到甲板上去散步。我们按晕船的程度，把九个人编了号数，从一号到九号。只要看哪一号的人躺着不起，就知道这一次风浪大小的度数。我被排在最后。在西渡太平洋的全程当中，不曾遇着大到九度的风浪。

我们曾到统舱去参观。其中的乘客似乎全是原籍广东省开平、台山、三水等县的华侨。他们或为探望亲属，或为处理事务，由西雅图和云高华①等地回国。舱内人声嘈杂，跟我六年前在旧金山“唐人街”所见的情形相仿佛。有一些人在围着番摊赌钱，另外有一些人在吞云吐雾，吸鸦片烟。我们走出统舱之后，碰着一个身穿制服的船员陪同若干头等舱的男女乘客进去看“支那人”的怪现象。

在民国十五年八月中一个半晴半阴的日子，“麦金利总统”号在上海停轮靠岸。我同着其余八个“学生舱”的乘客下了船，说声再见，便分手而去。公远弟在码头迎候。他知道我在上海无家可归，约我在他的寓所暂住。从民国九年八月乘“南京”号轮船离开上海到现在，整整六年的时光过去了。

① 现通译为温哥华。

八、上海六个月

在公远寓所住了十来天之后，我在附近一家住户的楼上赁了一间寝室，早、晚餐仍旧打扰公远，一直到十月间大伯父母由四川来到上海，我们另租房屋，自开伙食的时候为止。公远结婚已有三四年了，他在圣约翰大学毕业的一年与杨锡藻结婚。锡藻是开重庆聚兴诚银行杨家的小姐，她在圣玛丽女校肄业的时候与公远相识，两人情意投合，进而结婚。在我们兄弟行中公远首开“婚姻自主”的先例。他那时正在江亢虎先生所办的南方大学任教。经他介绍，江先生约我去授每星期三小时的一门“政治思想”课程。环球学生会又介绍我到一位殷先生所办的国民大学做“专任教授”，担任“政治学概论”“政治思想”和“社会学原理”三门课程。两校合计，每星期授课十二小时，每月共得薪金约两百元。课务颇为繁重，待遇并不丰厚，但较之做无业游民总较妥当。

到上海不久，我曾专诚到四川路青年会中学去探访旧日的师长。可惜那时正在暑假期中，学校里几乎无人。最后在校长办公室里见着朱树翘先生。他说在七八年当中教我们那一班的教师都先后他去。他问我六年留美，对于基督教的感想如何？照我看来，基督教信徒在对人做事上是否较非信徒更加可取？我说我在青年会中学肄业时总干事克先生也曾问我对于基督教的感想。我的答复是，“基督教是一个教人敬天爱人的宗教”，虔信这个宗教的人是值得敬重和亲近的。美国六年的经历证实我的看法，同时也启示我，基督徒当中有虔诚和不真虔诚的两种。美国是一个“基督教的国家”。每逢星期天上午，男女老幼都到教堂去礼拜。然而他们平日的行事未必完全依照耶稣的训示。[因此牧师在讲道时，不惮其烦，一再指摘号称基督徒的“非基督徒行为”（unchristian conduct）。]我把归国途中所遇恩非德先生对我先后异致的态度报告给朱校长。我说，这样的基督徒很难受人敬爱，这样的传教士也缺乏传播福音的资格。十九世纪美国幽默大师毕尔思（Ambrose Bierce）在他所著的《魔鬼字典》（*The Devils Dictionary*）里说，“基督徒：相信新约是一部神灵启示而妙合邻人们精神需要之书的人”（Christian：One who believes that the New Testament is a divinely inspired book admirably suited to the spiritual needs of his neighbors。）这话不啻为自身信道不笃却跑到外国去劝人信教的“基督徒”传神写照。朱校长听了，笑着说：“你的顽皮性格还没有改掉！”

我很快发现南方大学和国民大学都是当时所谓“野鸡大学”。北京政府对于教育似乎倾向于放任，尤其是在中国政府法令不能达到的上海租界。任何“热心教育”的人，组织一个董事会，筹集一些经费，租赁适宜的房屋，雇请必需的教职员，便可设立“大学”，定期招生。这些学校所设的科目全在文学院、法学院及商学院的范围以内。图书设备固然缺乏，师资也未见优良。当局者如果邀请到几位“名教授”来兼授几堂课，就可以装点门面，以资号召。自然科学、工学、农学、医学等门需要贵重仪器、试验室、实习厂场等设备，非筹有大笔经费不能办到。师资比文、法等种更为难得。因此这些学校也就只好“割爱”了。学校的用度靠着学生所缴的学杂费去开支。每年招收到若干名学生就可以收支相抵。招收更多，便有盈余。换言之，学校便可赚钱。因此学生投考，几乎是来者不拒，皆大欢喜。收来的学生大都是因为程度太低，考不进南洋、圣约翰等大学，退而求其次，到这些学校来混取大学毕业的资格。

公远说：“在这些大学里教课，凡事不可认真。学生的程度既不好，他们也不乐于埋头读书。即使愿意看书，所看的不过是教员所选定的课本或所编的讲义。考试的时候，最好从宽给分，准其及格。”我听了他这些话，心里大费踌躇。这些学校的主持人名为办教育，实则卖文凭。教育商业化到这个地步，真是出乎意料之外。我想我从前求学时老师们的教授法现在势难应用。几经思索，我得着一个结论：学生程度不佳是既定的事实，我只有尽其在己，设法使他们来上课不是完全枉费时间。我没有能力去提高他们的程度，也未必能够引起他们求学的兴趣。但至少我应该在讲课时力求简明扼要。我纵然不能“深入”，至少要求能“浅出”。我每晚用几小时准备第二天的教材，先条列纲要，然后依次草写讲稿。上课时我不拿着讲稿照念，但因为经过这样的准备，讲来也颇有条理，使听者容易了解。学生似乎还注意听讲。我按着这个方式进行，平稳地度过了秋季学期。我知道在这样的学校里任教，不是长久之计。学校没有图书馆，使我陷入无书可读的苦境。我由美国带回来的一些书只能做“温故知新”之助，不是取之不尽的学问渊薮。同事当中很少可与切磋的人，使我更有离群索居之感。这只能怪我回国以前不曾想到“出路”问题，向比较像样的学校接洽工作。现在有这两处“讲席”维持生活，已是侥幸了。

民国十五年十一月五日（旧历丙寅年十月初十日）我与订婚十五年的未婚妻薛织英结婚。她是江苏武进薛聘玉（名宜璜）先生的次女。他在清末历任四川雅安、台江、崇庆等地的州县官。辛亥革命时他在崇庆州的任上。七叔跟他平日时相往还，革命军兴之后，因七叔邀请，他全家曾在怡丰号的住宅暂住。民国元年（一九一二）他们阖家离川东下回籍，经过重庆时他与大伯父晤谈，甚为相得。大伯父命我见他，并把所作的“窗课”给他阅看。一天下午大伯父回家对伯母说：“薛聘玉有意把他的二小姐许给冬元（我的小名），你看怎样？他们在崇庆州的时候老七（七叔）有意为书元（公远的小名）提亲事，聘玉嫌书元年纪稍小，没有答应。”大伯母说：“只要两人的八字配合，你们决定好了。”于是两位亲家，一言为定。那时照旧算法织英是十二岁，我未满十六岁。民国九年我在清华毕业。大伯父、大伯母同到上海，准备给我完婚。不料两位亲翁商量婚礼细节时，意见相左，发生误会，势成僵局。我对于学业未成，先行婚娶一举本来很不赞成。但因不愿违抗老人的心意，不曾强调反对。现在我乘机建议说："出国的船期已迫，似乎不妨暂缓完婚，以便一切从长计议，等我毕业后回来办理。叔玉八哥也未完婚而出国求学。"大伯父说："现在只好这样了。"

到美以后我忙于功课，对于"终身大事"不曾措意。叔玉得到他未婚妻叶寿原给他的第一封信。他看了高兴极了，并让我阅看。这一封信写得真是出色，不但措辞亲切而得体，而且字迹端秀，不愧是翰林公爱女的手笔。叔玉说："你最好也去信薛家小姐。你们跟我们一样，虽同是父母之命的婚姻，男女都不曾见过面，何妨未婚之前通通信，以免到结婚的时候仍然两不相知，等于路人。"我接受他的建议，写了一封信，经叔玉看过认为完全妥当后，寄发出去。不料等了一年多，回音渺然。我很失悔听叔玉的话，冒昧去信，碰了一个钉子。（后来才知道我误用了薛家另一房的住址，因此我的信便"误付洪乔"了。）

一九二一年的夏天，一位新从中国来的女生到密苏里大学来肄业。那时候叔玉和先我或同我到可伦比亚的几位同学都已陆续他去。我是在校最久，对校中情形最熟悉的一个人。带领她去觅定住所，办理报到、注册、选课等手续的"差事"便派给我了。此后她时常让我陪同她到大学图书馆去阅书或借书。两人之间不知不觉地发生了友谊。一九二二年她毕业之后去到纽约，进哥伦比亚大学的研究院，不时与我通信。一九二三年我到绮色佳进康乃尔大学。次年春季学期结束以后，她偕同一位哥大中国女同学到绮色佳来度夏。我跟她们几乎每天见面，当天气晴明的日子并陪同她们去观赏附近的风景。有些同学认为她和我已进入了恋爱的阶段。叔玉听见传说，从剑桥来信，劝我再写信给未婚妻，并且表示他愿意写信给我的岳父，请他准许未婚夫妻通信。我接受他的建议，并烦他去信岳父。他迅速地写了信，连同我的信寄交上海他的岳家，探明薛家确实住址后代为投递。果然不久回信来了，其中附有织英给我的长信。

庆云（族侄，清华甲子级同学）碰巧这时到绮色佳住了几天。他诚恳地劝我拿定主意，不要受旧传统的束缚，以免后悔无及。我对庆云说："你的看法我很了解。就见识、性情、容貌各方面说，她确是一个动人的女子。她和我虽有浓厚的友谊，却并不会踏进恋爱的境界。她早知道我已订婚。承她看重我，愿意跟我做朋友，我当然引以为幸，极力珍重她的友谊。一般人看见两个青年男女来往甚密，便不假思索，断定这两人互相恋爱，准备结婚。这诚然是常见的事实，但凡事都有例外。女朋友不一定要改作未婚妻。其次，你劝我'拿定主意'，换句话说，解除薛家婚约，以便跟她结婚。你的建议想必根据一个假定：由父母之命而成的婚姻，不及由自己选择而成的婚姻美满。这是五四运动以来流行于中国知识阶级间的信条，其实婚姻是否美满并不全由'自主'或'包办'而决定。自主的婚姻有时可能基于双方的错误选择。其结果不是家庭幸福而是夫妻反目，甚至走上离婚之路。在交际自由的社会里，青年男女容易因一时感情的冲动，不考虑对方的性格、志趣等是否与自己相近，便冒昧地结合了。这样盲目的自主婚姻是有危险的。父母之命的婚姻，就男女当事人来说，也是盲目而有危险的。但事实上这样的婚姻也未必结果悲惨。简单说来，婚姻是否美满，主要关键在当事人是否有志愿、有诚意、有能力去使之臻于美满，而不在达成的方式是自主或包办。据说若干年前有某西人对伍廷芳讥笑中国父母做主的婚姻，认为这是缺乏爱情的结合。这位中国先进外交家反唇相讥说：'中国人结婚是爱情的发端，西方人结婚是爱情的终止。'这不只是俏皮的辞令而是有根据的实话。毕尔思（Ambrose Bierce）也说：'爱情是可由结婚而治好的暂时疯狂病。'（Love：A temporary insanity curable by marriage.）这与伍先生所说'结婚是爱情的终止'语殊而意同。

不但如此，古人说‘丈夫生而愿为之有室，女子生而愿为之有家’。包办婚姻并不是只顾‘传宗接代’，而同时企图达成‘郎才女貌’‘一对璧人’的理想，儿女的幸福也在考虑之中。我认为除非一个青年确实知道父母代择的未来配偶有重大（乃至不重大）的缺点，他很可不必反对。退一步说，即使我反对薛家的婚事，无论是由于原则上反对包办，或是由于不满意对方的才情容貌，我可以从早提出异议，而不应该在订婚十年之后，因为看中了另一个女子，才去解除婚约。”

庆云听了我这大段话之后，笑着说：“你有你哲学家的道理，我既无法领会，更不敢辩驳。”叔玉知道我已得到常州的回信，一切妥当，他甚为满意。此后不久，他在一个集会里和我女友见面，也颇为倾倒。（她先我一年回国。我在上海结婚时，她曾送礼致贺。我在北京时，她在燕京大学任教，曾到我们的寓所来看我们。她那时已经结婚。中日战起之后，彼此失去联络。一九四九年我再度到美，才知道她同着丈夫也都在美国。）

我很高兴我对于婚姻的看法，竟与胡适先生的主张相近。这是我在北京任教期间看《胡适文存》和《胡适留学日记》等书时发现的。在《日记》卷三里面他摘录了一九一四年一月二十七日演讲中国婚制的大意。他说：“西方婚姻之爱情是自造的（Self-made），中国婚姻之爱情是名分所造的（Duty-made）。”中国婚姻不是没有爱情。因为订婚的男女虽未见面，但彼此之间已互相关注。到了结婚的时候，“向之基于想象，根于名分者，今为实际之需要，亦往往能长成为真实之爱情”。这等于为伍廷芳先生所说“中国人的结婚是爱情的发端”下了一个注解。在同书另一地方（卷三，民国三年一月四日所记的日记第二十则），胡先生更进一步说中国父母之命的婚制，优于西国配偶自择的婚制：“吾国顾全女子之廉耻名节，不令以婚姻之事自累，皆由父母主之。”这不像西国的女子“须以婚姻之故自献其身于社会交际之中，仆仆焉自求其偶”。在《胡适文存》所载民国七年九月写成的《美国的妇女》一文里，胡先生骂那些误解“文明”而胡乱离婚的中国人：

> 近来留学生，吸了一点文明空气，回国后第一件事便是离婚，却不想想自己的文明空气是机会送来的，是多少金钱买来的；他的妻子要是有了这种好机会，也会吸点文明空气，不致于受他的奚落了！这种不近人情的离婚……是该骂的。

我想（胡先生也许同意），吸了一点新空气而随意否认旧婚约的留学生也是可骂的。

胡先生以身作则，实践他自己的主张。他出国以前，早已奉“父母之命”与江冬秀女士订婚。在美国求学时他曾结交女友，其中过从最密的似乎是康乃尔大学地质学教授韦莲司（H. S. Williams）的二女儿。《留学日记》有几处提到她。例如卷七里有民国三年十月二十日这样的记载：“星期六与韦莲司女士（Miss Edith Clifford Williams）出游……是日共行三小时之久，以且行且谈，故不觉日之晚也……其人极能思想，读书甚多，高洁几近狂狷。虽生富家而不事服饰；一日自剪其发，仅留二三寸许……”胡先生解释说，“狂狷”是 eccentricity 的译文，这是“美德，非病也”。四年五月八日《日记》又说：“女士最洒脱不羁，不屑事服饰之细……又以发长，修饰不易，尽剪去之，蓬首一二年矣。”［美国在一九二〇年以前，太太、小姐概留长发，或云鬟高耸，或秀发垂肩。一九二〇年以后，短发（bobbed hair）逐渐流行，“男式短发”（boyish bob）成为青年妇女的时髦打扮。韦莲司女士在一九一四年已经剪发，可谓独开风气之先。］这样一个超群脱俗的女子，当然容易为胡先生所赏识。胡先生却坚守旧约，回国与江冬秀女士结婚。他们伉俪和好，远过一些婚姻“自主”的夫妻。［一九二五年我应韦莲司教授的邀请，到他家里茶叙，曾与这位奇女子相见。她恳切地向我探问胡先生的近况。我就我所知道的报告她。她听了赞美地

说：“他正在创造历史。”（He is making history.）]

“新文化”的倡导人、《终身大事》剧本的作者，替面临二十世纪初叶过渡时期的青年们开辟了一条知新而不弃故的婚姻之路。叔玉和我也走过这样一条路。

我在抗战期中曾作三首小诗，直率地表示我对于自己婚姻生活的感想。后来我们家境比较宽裕，但我的感想未有变动，也无须修改。

辛巳春寿室人

一

来归十六载，忽已近中年。
身为勤劳瘦，居频丧乱迁。
苟逃无米爨，愧乏买山钱。
困顿吾何恨，亲朋赞妇贤。

二

不将脂粉涴，妆俭拟荆钗。
宽厚容僮仆，艰难计米柴。
家寒和有乐，情笃老堪偕。
中馈辛劳甚，平居鲜涉街。

三

壶内君专理，一家安乐窝。
清贫同度日，小谇不伤和。
灯幔夫妻话，书窗子女歌。

祝卿康且寿，嘉福后来多。

我同织英结婚不久之后，得到正式通知，《政治多元论》将在一九二七年由伦敦的保禄书局（Kegan Paul，Trench，Trubner & Co，Ltd.）和纽约的哈可书局（Harcourt，Brace & Company，Inc.）同时发行。我当然为之狂喜。接着我得到叔玉来信说南开大学法律学和政治学教授徐谟先生，因有他就，向学校辞职，将于秋季学期结束后离校，经叔玉推荐，学校约我去继任。我更是喜出望外。我对织英说：“你来了，书要出版了，南开大学请我去任教。这是三喜临门，比‘双喜临门’还更令人开心满意。”

大伯父、大伯母专为我完婚来到上海，本想婚礼办了之后就启程回川。不料伯母牙痛甚剧，我打听到一位可靠的牙科医生，陪着她前去诊视。牙医发现她的牙齿因多年未加卫护，几乎无一健全。有些缺坏了，有些松动了，必须分别镶补或拔除，另装假牙。到十一月中全部手术才得完成。（大伯父、大伯母抚养我十几年，这勉强可以算是我的一点至轻极微的报答。）十月下旬，他们上船离沪。次年的秋初他们在十天内相继下世。我卧病天津，无法前去奔丧。所幸云临（公远的四弟）帮着公遂（伯父晚年庶出的独子）妥办丧葬，稍减我歉疚之心。

九、教学相长（一）·南开

东北燕京五年半

我同织英在上海过了旧历丁卯岁的新年，带着女仆张妈于民国十六年（一九二七）二月上旬乘沪宁路和津浦路的火车启程北上。到了天津车站时叔玉已在那里等候。在他照料之下，我们雇了几辆人力车一直去到八里台南开大学的百树村三号教员住宅，很快就安顿妥当。他们夫妇带着女儿住在六号里，与我们的寓所相隔两家。文学院长黄子坚（钰生）先生住四号，是我们的紧邻。（半年之后我们搬住九号，与叔玉仍隔两家，与黄宅却隔了四家。）

第二天上午黄子坚陪我去见校长张伯苓先生，并介绍我给注册课主任伉乃如先生。伉先生名义上是注册课主任，实际上所负的职务超出“注册”的范围。他与我商定我所授的课程：“政治学概论”“比较政府”“法理学”。前两门是全年的课程。徐谟先生教了上学期，我接着教下学期。“法理学”是半年的课程，本定徐先生讲授，现在由我来承乏。我第二年所授的课程是“中国政治思想”“西洋政治思想”和“社会演化论”，三门全年的课程。［沈仲端（乃正）兄受聘到校，“政治学概论”和“比较政府”改归他讲授。］我每星期共授九小时的课，教学工作不算繁重。但“比较政府”“法理学”和“社会演化论”都是我不曾教过的课程，必须从头做收集教材和组织讲稿的工作。所幸我在密苏里大学肄业时曾选修“社会学”“人类学”和“生物学”等课程，对于演化论的学说略知其梗概。后来准备写硕士和博士论文时，对于政治理论和制度，以及法律理论和制度，曾广泛地涉猎过。因此准备教材虽然感觉吃力，尚不至茫然无从着手。政治学和政治思想曾在上海教过，但所用教材比较简单，并且只够一学期之用。现在所授的"政治学概论"是全年的课程，我用的教材必须与徐先生在秋季学期所用的教材相衔接，因此必须重新准备。"西洋政治思想"的教材，准备起来比较容易，但仍要用一些时间去整理。"中国政治思想"没有现成的教材，必须全部搜辑编排。这样一来，我每星期虽然只授九小时的课，所用于准备教材的时间大约五倍于此，伏案工作时常要到子夜。两年半勤慎将事，总算平稳度过。我向学生所讲不能说含有新知创见或高深学理，但自问还不至于捕风捉影，曲解臆说。

南开在那时是华北一个规模虽小而地位不低的大学。张校长得严范孙（修）、范静生（源廉）诸先生的力助于民国八年（一九一九）成立南开大学。民国十七年（一九二八）大加充实，改文、理、商三科为文、理、商三学院，分设历史、政治、经济、数学、物理、化学、生物、商学、会计、统计、银行等十一系。同年秋天，卢木斋（靖）先生捐款十万银圆建筑的木斋图书馆落成。我到校的第二年恰好躬逢其盛。张校长和华午晴、孟琴襄、伉乃如等几位干部人员，努力多年，创造了"白手兴家"的奇迹。他们脚踏实地，不骛高远。招生既从严格，开设课程也宁缺毋滥。学生专心向学，教员认真授课。教员的人数不多，但多有实学专长。我厕身其间，不敢不格外勤勉，冀图追随。《学记》说得好："学然后知不足，教然后知困。知不足，然后能自反也；知困，然后能自强也。故曰：教学相长也。"我在自己做学生时已经有了学知不足的经验，教然后知困的道理现在才能亲切地体会。"自强"照郑注的解释是"修业不敢倦"。为求不使好学的青年对我不过于失望，我必须修业不倦，充实自己，弥补自己学问的漏洞。我在教，我也在学。在两年半当中，我不敢自信学问有多少长进，但确曾获得师生切磋、教学相长的益处。

我不曾变作毫无生趣的书虫。这很辛苦的两年半也是很快乐的两年半。除了读书之乐外，我还有友朋之乐。同事当中不但有谊比同胞的堂兄叔玉，还有在美国已先熟识的旧友何淬廉兄和到南开方才熟识的新知蒋廷黻、李继侗、沈仲端、姜立夫、饶树人诸兄。其余的同人也相处甚得，融洽无间。学校把百树村十号房屋的一部分作为教员俱乐部。晚饭之后，我们随意去那里喝咖啡、谈天、或做各种游艺，借以稍纾一天工作的疲劳。（“集体象棋”是我们最欢喜的游艺。两人坐下对局，其余的人一哄而上，分别站在当局者的背后做义务参谋。这种集体下棋的基本教条是“观棋不语非君子”。当局者集思广益，从谏如流，尽可无为而治，维持“胜固欣然，败亦可喜”的风度。）大约一个钟头左右，我们尽兴而返，回家去继续做研究工作（如廷黻兄）或加紧预备教材（如我自己）。

好景可惜不长。民国十八年（一九二九）的秋初，叔玉继廷黻之后，应清华大学之聘，离津赴平。生物学教授李继侗兄不久也移讲清华。恰好沈阳东北大学工学院院长高惜冰兄受文、法两学院之托到平津来延聘教授，我也在被邀之列。惜冰是清华学校庚申级的老同学，我当然乐于应命。我本来也想到关外去看一看，东北大学的邀请，给我一个机会去达成这个心愿。（去年南开组织一个以经济为对象的东北考察团，我未曾参加。）叔玉脱离南开，可以说是不欢而散。学校当局对他的态度，不能令人满意。这增加我脱离南开的决心。五月中学校发出下年度的聘书。除叔玉外，所有我们相熟的人都加薪十元、廿元不等。叔玉来对我说，“我在这里五年了，这回仍没加薪。我想这是他们对我示意，我不能赖在这里了。”廷黻接到清华大学历史系的邀请，来商谈去就问题，听见叔玉被学校冷落，大为不平。他对叔玉说：“我们同去清华好了。”不久之后，清华大学经济系来信敦请叔玉。叔玉的学问专精而踏实，他在南开教书（和后来在清华一样）极其尽心，阐述学理，条分缕析，征引事实，翔实确当，很得学生的信仰。为什么南开当局不设法使他安心久住？这确令人百思不得其解。张校长认为我们这几个人他去是因为南开的薪给太低。待遇不丰，诚然是事实。五口之家的同人，有时会入不敷出。然而我们谅解学校经费不宽的苦衷，平日并无怨言。我不能接受张校长的解释。

民国十六年九月三日清晨，天津妇婴医院来电话到南开通知我，织英已经分娩，生了一个儿子，大小平安。同人听见这消息的向我道贺。我那时是快满三十岁的人了。我虽然不曾怀着“有子万事足”的传统心理，当然也很喜欢。我上完课后便赶到医院去探望妻儿，并向接生的丁懋英大夫致谢。回校途中诌了三首诗，抄在下面，以见我当时的一些感想：

生子诗

生民万千世，代谢如草木。
父子命相承，华实种相续。
大哉造物心，天理托人欲。
嗟我四方人，糊口生计蹙。
不辞有家责，苟逃无后辱。
继往开来事，我未能免俗。
却笑厉生子，夜起劳爇烛。

我生不逢辰，孩提伤孤苦，
母死父远游，茕茕依我祖。
祖死父又亡，行年未十五。
转瞬忽三十，一索今得汝。
哀哉无父人，如何为人父。
仰事义已阙，俯畜责宁拒。
鞠尔尽微劳，小报亲恩巨。

愿汝能成人，为祖光门户。
凝眸儿一笑，傥已解吾语。
吾族昔素封，吾祖安清贫。
吾父继先志，所事在润身。
谋生贵食力，读书希有闻。
前人贻此业，传世非金银。
受之勿敢坠，授汝冀能勤。
饱食儿莫啼，贤祖宜佳孙。

民国十八年七月十五日，织英在妇婴医院产一女。我作了一首七言诗：

生女诗

世俗从来贱女子，推恩不足计利过。
生女弄瓦男弄璋，产女则杀男则贺。
岂知天道兼阴阳，以柔克刚女为大。
男女俱出父母怀，娇女绕膝尤婀婧。
富家生女掌珠擎，贫家生女天花堕。
纵无百篇中郎书，犹办三冬窗下课。
辨诗续史俟他年，啼笑先与吟声和。
告语荆妻宜喜欢，文褓偎依共安卧。

[“克、绍、敷、敏、笃、庆、锡、光”是我们高祖以下各代人的“排名”。我和各房兄弟们是“笃”字辈，我们的子侄是“庆”字辈。我们的儿子取名“庆熙”，女儿取名“庆华”。民国十九年（一九三〇）十月二十三日我们又得一女，取名“庆燕”。]

十八年九月初我们离开天津的时候，庆熙刚满两岁，庆华还未满两月。幸好有忠心而得力的张妈和曾在侨居天津薛家服务多年的男仆老胡，伴着我们大小四口，坐上平奉路的火车出关北去。那是一个颇有秋意的阴天。一个曾在我班上听讲的学生马奉琛，探知我们启程的时日，独自到车站来送别，并帮着照料一切。热肠古道，十分可感。

东北大学是一个成立未久的学校，建筑尚属壮丽，内容却有待充实。校园靠近北陵（清太宗昭陵），共设文、法、工三个学院。教员住宅是用水泥和火砖建筑的西式平房，颇为舒适。学校对从关内请去的教授颇为优待。名流如章行严、傅治芗、梁漱溟等也在校中讲学。清华同学陈青筠（钦仁）、孙小孟（国华）、张子缨（忠绂）、梁思成等先后来东北任教。小孟兄嫂是我们的紧邻，几乎每天见面，不时互相往来。我授课不多，只教“政治学”和“西洋政治思想”两门，每星期共六小时，颇有余暇，约同小孟诸兄到松柏参天、气象宏伟的昭陵去散步，到“日本地”去观察强邻政治经济侵略的现状，到沈阳城内的商店去购买用品食物或饭馆去便餐。（城内“杏花村”的糖醋脆皮黄鱼，味尤隽绝，堪称关内外第一。）东北学生的程度与上海“野鸡大学”的学生相比，可以说是难分轩轾。他们似乎还能用心听讲，对我也尚有好感。（孙小孟兄和我班上的学生，知道我们于学年结束后即将离校，曾举行一个餐会，表示惜别之意。）

张学良是东北大学校长，但学校的行政实际上由副校长总揽。工学院长高惜冰是学纺织工程的留美学生，可以说是“内行”。文学院和法学院两位院长的政治色彩似乎比较浓厚，整个大学好像都带着一点官府的气息。如果我们说南开办事的效率过高，我们只好说东北行政的效率太低。举一件小事为例：我在天津动身以前曾电知法学院长臧哲轩（启芳）先生我到校的日期，到校的那天我去到法学院和总务处的办公室去接洽，都不得要领。最妙的是，当我说明来历并表示想见院长时，一个职员说：“拿名片来。”我把名片递给他，一看上面只印有我的姓名，并无显赫的头衔，便把名片往桌上一扔，说“院长不见”。最后我到工学院找着了惜冰兄，经他派员陪着我去见了法学院长，一切问题才迅速而顺利地解决了。（照张子缨兄所著自传《迷惘集》中所记他在东北大学所遭逢的一切看来，我比他幸运多了。）

开学不久，校长设宴款待新到的教授，约请各院长、系主任和一部分旧教授作陪。这是一个场面不小的宴会，张学良和他的夫人于凤至都在座。从他的言谈举止可以看出“张少帅”不是一个具有特殊才智或崇高理想的人。他与鸦片吗啡结了不解缘，这是公开的秘密。（后来经上海闻人杜月笙苦劝才戒除了。）他袭“张大帅”的余荫，遇着“时势造英雄”的机会，成了东北的风云人物。其实他根本上是一个“纨袴子”，也是一个“昏小子”。这从他若干人所周知的行动可以推断。有一件很少人知道的事，也可以作为他品性的写真。当我在东北任教时，梁思成、林徽音夫妇也在那里任教授。“少帅”见了这位女教授十分倾倒，嘱人向她致意，请她做家庭教师。她婉辞谢绝，等到课务结束，立即同着丈夫离开东北。

民国十九年春天，燕京大学政治系主任徐淑希兄欧游完毕假道苏联，经沈阳回北平。他听说我在东北大学，特地来看我，当面约我下学年去燕大任教。我本来打算在东北只教一年，淑希兄的盛意，我当然乐于领受。

燕京是一个教会所办的大学，与上海的圣约翰、南京的金陵、济南的齐鲁、成都的华西等校性质相同，地位略等。我曾在教会中学肄业，现在到教会大学教书，这或者可以说我虽不信教而与教会有缘。燕京的校长（chancellor）是前清翰林吴雷川先生。（照那时教育部的规定，外人在中国所办大学的校长必须是中国人。）行政实权操于副校长（president）在中国生长美籍传教士司徒雷登先生（John Leighton Stuart）。燕京虽是教会所办，招收学生、聘请教员，并不限于基督徒。（神学院当然是例外，全体师生都是基督徒。）学生来自国内各省以及海外各地。教员有不少是外国人。

因此校内的“洋味”远比南开、东北为重。有些学生（尤其是来自海外的学生）家境富裕，男生固少穷酸之态，女生更多装束入时。家境清寒的学生似乎为数不多，因此校风也不及南开朴素。学生的程度，一般说来，与南开不相上下。他们的英文程度优于南开的学生，中文程度则有逊色。（这当然有例外。中文系的高才生顾随，颇有才华，尤工填词。我最欣赏他在《燕京周刊》发表的一阕《采桑子》：“赤栏桥畔携纤手，头上春星，脚下春英。隔水楼台上下灯。　栏杆倚到无言处，细味人生，事事无凭。月底西山似梦青。”）

淑希兄与我商定，我在到校的第一年授“政治学概论”和“西洋政治思想”，第二年授“概论”和“中国政治思想”。“概论”本来由他自己讲授。（照美国大学一般的习惯，各系的“概论”课程，例由系主任担任，以便奠定学生进修系中其余课程的基础。）现在他让给我教，我极感谢他对我的信任。［民国二十年（一九三一）夏天，我在淑希兄的办公室商谈功课时，一个新招收的一年级女生来表示愿进政治系。淑希说：“你去选修萧教授的‘政治学概论’，能够及格，我便让你进政治系。”］

燕京教职员住宅和宿舍共有三种。一是在校园以内，“燕东园”和“燕南园”新建的西式住宅，二是朗润园里前清建造的中式房屋，三是学校购置或租赁，散在学校附近的民房。第一种的“洋味”最足。第二种的环境最美。（朗润园是前清某贝子的别墅，其中有池台花木之胜。）第三种最方便。朗润园里适宜住家眷的房屋不多，都已住满，仅燕东园和成府村里各有空房一处。我们选了后者，于是便在成府书铺胡同三号住着。这是一所建筑坚固而格局开敞的两进住宅。史密教授（Professor Smith）一家住前进，我们一家住后进。我们这一进的正房坐北面南，一排五间，东西厢房各三间。当中有一个约四丈见方的院子。此外还有浴室、厨房，男女仆卧室各一间。我们一家大小四口，加上男女仆各一人，住在里面，绰有余地。我把西边的厢房用作书斋。窗外古藤一架，西府海棠两株，把这三间小屋点缀成读书的胜地。学校早已装设了电话、电灯、自来水、抽水马桶等设备。这样一来，我们的寓所便有“中体西用”的妙处。我去上课，由校园的侧门进去，走过顾随词中所说的“赤栏桥”，沿着“未名湖”岸，面对西山的远影缓步前进，大约二十多分钟可以走到教室。有时因事，晚间赴校，走过未名湖便可以看见“隔水楼台上下灯”的景色。

燕京的教职员几乎每星期都有“联欢”性质的各种聚会。内子素不喜交际，我想尽量利用时间去看书，也怕应酬。我们万不得已才去参加这些活动。但我们并不闭门索居，也有一些互相来往的朋友。其中见面最多的是任宗济兄。（他是清华学校辛酉级的同学，我们在清华肄业时已经相识。他现在燕京经济系任教［注］。）我们从沈阳到了北平，一时尚不能迁入燕京大学的教员住宅，只好在城内暂时住下。碰巧他受了清华同学会的委托，经管城内骑河楼的会所。承他照拂，让我们在会所的宿舍里租房栖身。环境既佳，租价又廉，我们一家受惠不小。到我移住书铺胡同之后，他时来看望我们，我也抽空到他的朗润园寓所去看他。每到周末，如果他没有应酬，我便约他过来便饭长谈。法律系教授郭云观先生也是和我时常见面的朋友。他曾历任法院推事、庭长，退而讲学，不但法学深湛，而且见解明通。读好书是开卷有益，与他接谈可以说是闻声有益。偶然兴到，他也走笔作诗，时有清逸隽妙之句。“一事年来差可思，借人庭院看西山”便是一例。淑希兄与我见面的时候很多。但他是一个忙人，除了授课以外，他还要从事著作，指导学生，主持系务，出席校院各项会议。因此我们闲谈的机会较少。我们在燕京的交游不广，但并未闭门谢客。

民国十九年十月二十三日，我们的次女庆燕在成府书铺胡同寓宅出世。我们到北平的时候，织英早已有妊。经燕京校医李大夫（Dr. Learmouth）检查，判断分娩当在十月底乃至十一月初，并嘱于十月二十五日再去诊察，准备送进医院。二十二晚就寝后突然发动，承李大夫冒夜赶来，断定来不及送医院，只好在寝室里生产。到了次日黎明的时候，我们的二女儿便平安地降生了。李大夫是校医，例不收费。我们随后送他一件比较精致的小花瓶，略表我们谢意。

我在燕京本有久留的意思。民国二十一年五月中清华大学政治系主任浦逖生（薛凤）兄约我去任教。逖生是老友，清华是母校，图书设备远胜燕京，学术水准也较燕京为高。叔玉、廷黻、继侗、刘崇乐（清华庚申级友、康乃尔大学研究院同学，一九二六年与我同时得博士学位）诸兄都在清华。我当然不愿放过这个任教母校的机会。但燕京下学年的聘书已经送到，淑希兄正休假在国外考察，我无法跟他商量，任宗济兄劝我就聘清华。代理政治系主任客座教授柯先生（Professor Corwin）坦白而诚恳地对我说，“为系里着想，我不愿让你离去；为你本身着想，清华的邀请确是值得考虑的”。当我尚在犹豫不决的时候，法学院长陈先生派人到教员休息室来请我到他办公室去谈话。我下课之后，准时前去，鹄候了半个多钟点，才见着他。他说：“我们的聘书已经发出，你不能他就。”我问他：“教员接着学校的聘书，是否可以考虑受聘与否？”他答复我说：“可以的。他们不愿受聘，学校并不勉强他们。”我说：“既然如此，我只有退还燕京的聘书了。”事后我把这一次对话报告给宗济兄，他说：“这毫不足怪。政治（徐）和经济（陈）两系之间历来很有误会。”（秋初淑希兄回校，我去看他，说明脱离燕京的原因，并请他原谅。中日战起，他放弃教学生活，服务于外交界，历任驻外使节，把他的专门学识贡献给政府。燕京迁往成都，政治系主任兼法学院长改由吴其玉先生担任。他约我回校任教，直到战事结束，学校迁回北平为止。）

［注］任宗济兄在抗战结束之后曾一度在中华民国驻日代表团任职。此后曾任驻长崎“领事”及“中央信托局东京办事处”主任。一九六八年病逝，得年七十一。

一〇、教学相长（二）·清华五年

从民国二十一年九月起，到二十六年七月止，我在清华大学任教五年。我感谢浦逖生兄给我机会在学术空气浓厚、图书设备丰富的环境中，加紧努力于教学相长的工作，加速推行研究中国政治思想的计划。

那时候清华大学政治学系的“阵容”颇为整齐。在我到校以前，系里有四位教授：浦逖生（政治学、政治思想），张奚若（西洋政治思想），钱端升（各国政府），王化成（国际公法、国际政治）。我到校之后，逖生让我授中国政治思想史和当代西洋政治思想。陈之迈兄不久来校讲授中国政府，并于端升移讲中央大学之后，接着讲授各国政府。

我每星期授课六小时，有充分的时间去从事研究。我授当代西洋政治思想的办法是这样的：每一学生除了到堂听讲、期终应考外，必须阅看我所指定和他们自己搜寻到的参考书，并须在学年终了以前，就研读所得，作一篇专题报告。（我极力鼓励他们在教室里提出问题，以便大家讨论。但他们多“三缄其口”，很少发言。）讲授中国政治思想史的方式大致与此相同。为便利学生做进一步的研讨起见，我从许多书籍里摘选有关的资料，交人抄出，印成“讲义”，随堂发给他们。（同时我选择若干重要的原书，列为指定参考书。）可惜抄录和排印的进度都颇迟缓。清代的资料，抄写未竟，“七七”变起，无法继续完成。所幸已经印成从先秦到明末总共一千四百多面的资料，我存留了一份，给我后来《中国政治思想史》的撰写不少方便。

清华学生阅读和思想的能力都不弱。他们肯用功，不只是因为想得“积分”，而是对学术发生了兴趣。这可以从他们年终交来的研读报告看出。他们多能把握各自选定题目的重心，根据阅读参考书的心得，写成论证中肯、条理分明的文字。这些报告，我评阅之后，全数发还他们，以备他们自己日后参考。我事先对学生说：作研读报告的意义，不在“应付功令”，而在培养研讨的能力和取得写作的经验。选择专题应当以本人的兴趣为标准，撰写报告应当以写成的文字有日后参考的价值为目的。换句话说，现在写一篇报告，实际上是在自己治学的初基上安放一撮泥土、一块砖石，这样才不至于虚费时间，徒耗心力。因此你们的报告，我仔细看过之后都交还你们。作得好，你们自己受用。作得不好，你们自己吃亏。“分数”的多少，“等级”的高下，不过是一时得失，没有长远的意义。学生们显然赞成我这主张，他们交来的报告都不是敷衍塞责的作品。例如中国政治思想史班上历史系学生陈锹（字壬孙）作了一篇《戊戌政变时反变法人物之政治思想》，经《燕京学报》的编者在民国二十八年（一九三九）六月出版的第二十五期中发表，于是成为一种有用的参考资料。

在政治系的同人当中，逖生兄待我最好。他凡事为我设想，研究上需要的资料和教学上所需要的便利，他都有求必应。例如图书馆未曾购藏的书籍，他派人通知书肆，送来让我选购。又如收集参考资料时，他为我雇人抄写。端升和化成起初对我较为冷淡。我想或者他们觉得一个学哲学的人“半路出家”，混进政治系教课，不能和“科班出身”的政治学者一样看待。后来发现我对政治思想尚略知一二，也就把我算作“自家人”了。奚若对我最初似乎有点疑忌。他在教室里对学生讲，中国没有值得研究的政治思想。言外之意，当然是任何人讲授中国政治思想，无异于捕风捉影，大言欺人。我听他的“高论”，只好付之一笑。廷黻为我抱不平，在《独立评论》发表的一篇论文里讥笑留学生回国大谈洛克、卢梭，对于中国文化和历史却不能置一词。不久以后，逖生兄无意中给我一个化“敌”为友的机会。奚若于民国二十四年（一九三五）［或二十三年（一九三四），现在不能确记了］休假出国，赴欧游历。北京大学法学院长周枚孙（炳琳）先生恳请逖生去北大代奚若讲授西洋政治思想史，逖生因为自己很忙，并且认为系主任不便在外兼课，荐我去代授。我虽也极不愿意去，但因逖生力劝，只好应承。这班上一共有三十来名学生。授课一星期之后，校内校外陆续到来旁听的学生，挤满了一间容积并不太小的教室。我的表演似乎还算不坏。学年快要终了之前，周枚孙到清华来看我，要我下年继续讲授这门课程。我说：“奚若不久就要回国了。他似乎不曾表示不再继续在北大授课，我不便接受你的邀请。这是要请你原谅的。”奚若回国不久便来看我，把他多年珍藏，十九世纪法国学者雅勒（Paul Janet）的名著《政治学史》（*Histoire de la science politique*）送给我。我相信这是他对我的友谊表示。

民国二十三年廷黻休假，到欧洲各国去研究考察。他把编辑《中国社会及政治学评论》（*The Chinese Social and Political Science Review*）的任务交给我代理。这是当时颇有声望的纯学术性英文季刊。我谨慎从事，把全年四期，按时印行了，虽然约稿、阅稿、校对等事占了我不少的时间。其中最难的工作是阅稿。有人误认编者（editor）的责任只限于征求稿件、甄定去取、编排次序、交工印刷等事。其实照各国的习惯，编辑工作（editing）的重要项目之一是为作者改正稿中的“笔误”。这是劳心费时而不一定讨好的工作。编者当然无权任意修改来稿，比较重要的错误或疑点，必须与作者商定后才可着手订正。但编者也不可借口“文责由作者自负”，把稿中错误的字句，照样刊出。二十四年八月廷黻回校，我把已经编好下年首期的稿件交给他，才卸下我的责任。

清华同人当中，见面较多，交谊较深的，除了叔玉、廷黻、逖生诸兄外，还有李继侗（南开旧友）、吴雨僧（名宓，西洋文学系）、孙小孟

（名国华，心理学系）、赵守愚（名人儁，经济系）和陈岱孙（名总，经济系主任兼法学院长）。这些朋友当中与我晤谈最密的是吴雨僧。他是我到清华以后才相识的，虽然我早已知道他是美国“人文主义”大师白璧德教授（Professor Irving Babbitt）的高足。雨僧的文学主张，大体上宗奉师说而不墨守其枝节。他治学为人都带着严肃的态度。虽然我的性格与他显然有异，虽然我没有实在的文学修养，却蒙他不见弃，过分奖许。他在《空轩诗话》里说我与他“论道论文论事，皆极深契合，盖皆有取于西洋之积极的理想主义”。他鼓励我学作诗，甚至把我不成熟的作品录入《吴宓诗集》或“印授清华学生”。

雨僧早年由“父母之命”跟他的表妹陈女士结婚。她是贤妻良母型的旧式妇女，而且知书识字，无愧大家闺秀。但雨僧倾心于一位留学美国的“海伦”女士，断然与发妻决裂，独居清华园“工字厅”后进的教员宿舍。（这便是《吴宓诗集》中所提到的“空轩”。）他不满意于陈女士的理由是“彼此不相了解，便不能有真纯的爱情。继续同居，等于继续侮慢双方的人格”。我曾婉言劝解，他始终坚持他的“立场”。民国二十三年他作了《落花诗》八首。我和作的第三、第四两首便是针对他的立场而加以讽劝的：

学炼还丹拟出家，翻歌金缕惜年华。
欲填恨海三生石，拼折神山一现花。
碧落渺茫思凤翼，红尘迢递阻鸾车。
刘郎且饱胡麻饭，再访天台路已赊。
（自注：相由心造，方寸如来。舍己从人，宝山空手。）

闻道蓬莱日月长，碧天云海远难航。
瑶池树是千年种，珠阙星添七宝妆。

修到女牛还恨别，藐如姑射本无郎。
仙源水送桃花去，岂独人间解断肠。
（自注：理想果能实现，未必遂无欠缺。）

那一年的春末夏初，他收到海伦女士由上海发出的电报，要他快去上海，有事商谈。他对我说："我正忙于完成诗集的编订。中华书局屡次来信催稿，上海只好缓去。"我说："雨僧，照我猜想，这电报的关系重要。你何妨快去快回，编稿的工作不至延误太多。"他坚决地说："我回电给她，稍缓去沪。"大约一个月之后，报纸上登出了海伦将与某巨公次年新岁结婚的消息。雨僧悔愤之余，作了三十八首《忏情诗》以示意。此后他既不与原配陈夫人和好，也不再图婚娶。抗战期中，只身入川，在暂迁成都的燕京大学任教。我时常去与他倾谈，希望能够略解他的苦闷。战后他仍回清华。一九四九年后，音尘隔绝，传闻他已于一九五八年前后病殁。往日"空轩"论文之乐，竟成隔世。追思故人，为之伤感无已。

清华五年的生活，就治学的便利和环境的安适说，几乎接近理想。我们一家大小五口初到清华时住在"老南院"二号教职员住宅里。叔玉一家住在六号，彼此相距很近。一年之后，"新南院"教职员住宅落成，我们迁住六号。这是一所西式的砖房，里面有一间宽大的书房，一间会客室，一间餐室，三间卧房，一间浴室。此外还有储藏室、厨房和厨役卧房各一间。电灯、冷热自来水、电话等设备，一概齐全。陈岱孙是我们的紧邻。俞平伯、闻一多、潘光旦的住宅都相距不远。我在住宅前的一大片空地上种树栽花，五年"灌园"的工夫，把原来不毛之地变成了一个花木扶疏的小园。这是我课余消遣的主要活动。清华园离西山不远，周末或假日我们有时结伴去游卧佛、秀峰、碧云等寺。颐和园也是我们游踪所到之地。学校离城虽不算近，城内的名胜，如雍和宫、故宫、三海、陶然亭等处，我们也时去游览。正阳楼、东兴楼、便宜坊、馅饼周等著名餐馆和小吃店我们也偶然去照顾。至于到琉璃厂书铺里去“访书”或到东安市场去买食物和用品，那更是进城时的重要节目。

清华的师生们享受多年的“清福”，不能在全国动荡的局势中长久维持。怀着独霸东亚野心的日本军阀，眼见北伐完成，中国快要踏上统一的道路，于是先发制人，加紧对华武力侵略。清华园里的安静生活，不久便消失了。

从民国二十年起，日本屡次挑衅。二十年日军攻沈阳（“九一八”事变），二十一年攻上海闸北（“一·二八”事变），二十二年（一九三三）攻热河、侵通州、迫北平，二十五年（一九三六）攻丰台驻军，二十六年攻卢沟桥驻军（“七七”事变）。步步进逼，事态严重。中国政府因军备未充，不肯轻举妄动。

民国二十六年春间，学校当局已准备于必要时迁徙到安全地方，继续开学。湖南省教育厅厅长朱经农先生表示，如清华迁到长沙，他愿尽力协助一切。学校于是决定迁湘，与北京、南开两大学合办临时大学。法学院长陈岱孙告知我这个消息。我说，长沙自古是兵战必争之地。日本侵华，其目的恐怕不只在占据沿海各省，而有深入内地的企图。万一不幸，长沙撤守，学校不免再度播迁，损失必更重大。似乎可以考虑迁往成都。远在西边，敌人不易攻达。四川人士向来看重文人，当地的军阀也非例外。不妨与省政府一洽，我想他们也会表示欢迎。岱孙说，迁湘已成定议，恐怕难于改变。况且迁徙计划，牵涉北大和南开，清华也不便另出主意。（事后才知道我不幸而言中。临时联合大学的师生到长沙不过四五个月便又远道跋涉，迁往昆明。中央大学迁到重庆附近的沙坪坝。燕京、金陵、齐鲁、光华等大学迁到成都。这些学校都不曾再度迁徙。）

赵守愚兄问我有何打算。我说，我本有下年度申请休假，出国观光的打算。现在局势如此，只好作为罢论。中英庚款董事会有一个充实内地高等教育的计划，杭立武先生曾约我去成都，在国立四川大学担任“中英庚款讲座教授”。我本来有点踌躇，现在我决意应聘。不敢说对川大有何贡献，但借此避寇，并得一个旧地重游的机会，于我个人却有许多方便。守愚说：“杭立武也约过我。我对于长沙之行也不感兴趣，我们一同去成都罢。”我说：“好极了。我们结伴前去，彼此都有照应。”

我们正待收拾行李，做离开北平的准备，日军于七月七日突然在卢沟桥攻击中国的驻军，当天清晨又派飞机轰炸南苑驻军的营房。清华园里可以听见炮声枪声。为策安全起见，学校通知教职员携带他们的家属，分别到指定的大厦底层去暂避，晚间才各回住宅。（我们一家被派在图书馆底层。某天下午，图书馆门外落下一枚直径约四寸的炮弹，幸未爆炸。）这个紧张局势，延续了二十几天。到了七月二十八日宋哲元率部悄然离平，第二天赵登禹、佟麟阁阵亡南苑，战事方才停止。那时敌人已经占据了北平和附近的地方。清华园前后门都有持枪的“皇军”把守，但并不禁止校内的人出入。七月三十日上午，我们一家雇了车辆，携带随身行李，出校进城，在预先订妥的一处民房住下。当天下午我独自雇车到新南院住宅里搬出了一些书籍和用具。五年的清华生活，于是告终。此后更没有再到母校的机会了。“教学等于再学”（To teach is to learn twice.），苏伯（Joseph Soubert）的这句话和中国的古语“教学相长”可以说是异曲同工。我从民国十五年在上海任教起，到二十六年离开北平止，“教”了十一年也“学”了十一年。我曾经任教的每一个大学都多少给我以新见解、新知识、新经验。给我最多的是清华大学。不只是因为我在清华的时间最久，更因为清华的学风和设备都最好。我“再学”的成绩，当然不坏。从前我在清华学校肄业两年，后来又在清华大学任教五年，这“再造”的大恩是无法忘却的。

在政治系与我共事的几位朋友也脱离了清华。逖生、化成、之迈先后从政，用其所学，在内政外交上各有贡献。端升在国民政府定都南京不久之后，去中央大学任教。奚若一直留在清华。两位先生都抱着“学优则仕”的志愿。在清华、中大政治系教了多年的书，政府还不曾借重他们，平日言语之间不免流露出“怀才不遇”的苦闷。端升弃清华而就中大，可能是认为身在首都，较便活动。奚若曾一度到南京去营谋教育部的某职位。两人都未能如愿。

二、漂泊西南（一）·从北平到重庆

我们一家搬出了清华园新南院以后，本打算等到交通恢复，便尽早离开敌军占领下的北平。不料进城不久长女庆华突然染了痢疾。幸好城内秩序甚好，医院照常诊视并收容住院的病人。庆华经首善医院的医师一个多月的治疗，方才痊愈。那时清华大学的同人多半已经先后南行，只有少数，因为不同的缘故，决定暂时或长期留在北平。例如俞平伯，因为他的父亲陛青先生年高多病，只好留平照料。钱稻荪久居日本，精通日文，深信日本人“大有办法”，不但自己不走，还苦口劝人不走。我蛰居沦陷了的北平，虽然感到苦闷，但也不是没有排遣的方法。在一所两进的房屋中，贺麟先生（北大教授）一家住后进的全院，熊十力先生只身住前进里的一间书房，我们一家五个人带着女仆张妈和厨役老王住前进的其余部分。我趁熊、贺两位闲暇的时候去向他们请教。贺先生是西洋唯心论哲学的专家。黑格尔一派的思想，我也略知一二。谈论问题时我们的意见远不至于正面冲突。熊先生精通佛学，我于此道却是门外汉。有一次他坚定地说，西洋哲学和科学都缺乏妙义，没有研讨的价值。我说，印度哲学和西洋哲学的价值如何，有待兼通两者而具有“善知”的人来做公允正确的估量。照我外行人的臆测，两者各有其独到偏至之处。东海西海，各有“圣人”。其心其理，不必径同。但是否此尊而彼卑，此长而彼短，似乎未可遽下断语。至于科学，也未必毫无足道。朱子“格物致知”的思想，显然带着西洋科学思想的意味。宋明儒者不曾致力去探寻“即物穷理”的具体方法，只从冥思默想去下手，在形而上的境界里头出头没，因此不能昌明科学。无怪乎王阳明少时“格庭前竹”，格了三天，不得其理，反而病了。朱子其实有意走科学的路，却不曾走通。假如他生在二十世纪，他未必会鄙弃科学思想。熊先生听了我这些话，默然不语，脸上露出不愉之色。事后鲁公望对我说：“我在旁听着，替你捏一把汗。熊先生平常听见不入耳之言，会大声斥责。今天他特别客气。”

我有时出去访看尚在城里的清华同人，探听消息，谈论时局，或做简单的存问。他们也有时来看我。天气晴朗的日子，我独自或结伴到离住处不远的城内名胜地方，如三海、中山公园等处去游览。此外我偶然作些诗词来略寄当时的感触，写眼前的情景。例如：

移居杂咏（十四首之二）

草草移家去，悠悠来日难。
乱中携具少，屋外觉天宽。
穷巷流民集，秋郊战骨寒。
亲朋有书至，刻意问平安。
徒有雄关在，贪兵入捣虚。
偾军多客将，累战失储胥。
赤县风烟没，黎民锋镝余。
桑榆收岂易，犹及保青徐。

鹧鸪天

风景不殊在眼前。阴晴不定早秋天。斜阳楼阁都成血，细雨关河欲化烟。　　吟庾赋，写巴笺。闲中消遣日如年。浊醪最是无情物，只助愁人作醉眠。

十月九日早晨，鲁公望、我们全家，同着张妈坐火车去天津。传说有几位清华同人（化学教授高崇熙是其中之一）在天津车站下火车后被日军毫无理由加以扣留，我们临行不免存着戒心。北平城里车站内外到处都有军警。旅客在上车前，一一都被搜查。男女分两边出站上车，妇女由女警察搜查。（我们的笨重行李都已先期交给车站运到天津，随身只带着轻便的小包。）我自己拿着一个“公事”皮包。到站后公望说：“我提着罢。”因为图旅行方便，我穿着本来预备出国用的新制西服，走进车站。公望提着皮包，紧跟着我。站上的军警大概误认我是伪组织的“新贵”或日军的官长带着随从，因公去津，沿途向我敬礼。我只好将错就错，昂然走上火车，心里不免好笑。织英带着儿女和张妈，稍经盘查，便放行了。

火车慢慢地由东站开出北平。我在车上回望北平的城堞，不免百感交集。火车由平至津，平时只需两三小时，那天我们上午起程，直到傍晚才到达天津。

那时津浦、平汉等路不能全线通行。要去成都，我们只好从天津坐海船到青岛，然后坐火车经胶济路到济南，经津浦路到徐州，经陇海路到郑州，经平汉路到汉口。从汉口坐川江小火轮到重庆，最后坐成渝公路的长途汽车去成都。这是一条艰险而辛苦的旅程，加以日本飞机有时投弹轰炸后方的铁路，用机枪扫射火车，以致列车偶被炸毁，旅客每有伤亡。况且铁路交通可能随时随地受战事的影响而突然中断。我们当然可以由海路到越南乘滇越铁路的火车到昆明，然后从昆明坐飞机到成都。但我们无法办越南入境的护照，从昆明到成都的交通情形也没有清楚可靠的报告。我们仔细考虑之后，决定我只身由陆路西行南下，织英带着儿女和张妈从天津坐船直去上海暂时居住。岳父母和内弟等都久居上海，可资照料（他们早已来函劝我们全家到沪暂住）。我到成都之后，再图经云南、越南，到上海接眷入川。这当然不是万全之策。所幸事后证明，我们的打算都没有错。守愚决定全家与我同行。

天津车站上的军警居然不曾留难。我们坐了在站上接客的汽车到一家旅馆去安歇，第二天便一同乘船离津。十月十三日下午到了青岛。我与家人告别后，同着守愚一家上岸，准备乘胶济路的火车去济南，开始我们第一段的陆路行程。当我在船上与家人告别时，大人小孩都含着眼泪，依依不舍，我心里也很难受。这是我与他们第一次远别。今后是否还能够团聚，我毫无把握，只好安慰他们说，“我到了成都就要到上海来接你们”。下面两首五言诗是我在胶济路火车上作的：

乱里还为客，别时愈可悲。
携家成失所，有子解啼饥。
糊口四方志，飘蓬无定枝。
艰辛何敢恨，去去欲安之。

中途为远别，劳燕各东西。
旧隐抛何处，南天望欲迷。
临分言语少，相向泪痕低。
为尔谋衣食，呼儿且罢啼。

赵家和我在青岛中国旅行社招待所住下，把比较笨重的行李都托旅行社直运汉口。第二天我们乘胶济路的西行车去济南。到达济南后在车站上探问，才知道最末一次南下的列车已经于前一天开出。中国军队方在德州溃败，交通受了战局的影响，此后大概不会有北上的列车由浦口开来，济南当然也不会再有南下的列车开往浦口。我同着守愚送他的家眷到近处一个小旅馆暂时住下之后，立刻去当地中国旅行社探问。社员王君（他的大名失记了）说当天下午三点钟有一列难民车南开。他热心地替我们办妥一切手续，并且告知上车的方法。我们略进午餐后，赶到车站，找着了我们可坐的一节火车，大小六个人先后努力爬了上去。这是平时用来运货，有门无窗的“铁皮闷车”，里面放着几十个盛着油料的大铁桶。我们之外还有十多位“旅客”。我们上车之后，便照旅行社王先生的嘱咐，把门关上，以免难民进来。车开之后，我们方再开门，放进一点阳光和新鲜空气。到了傍晚时候，秋风萧瑟，冷气袭人，我们只好把门关上。一只油桶可以权充凳子，把毯子摊在一串三五只的油桶上便是我们的床铺。十月十六日，到了徐州，我们下车才看见这十来节的列车挤满了男女老少的难民，车顶上也毫无隙地。我们十几个人“安”坐在闷车里可以说是受着优待的高级难民了。

出乎意料之外，我们顺利地坐上了陇海路的西行列车，当天下午向郑州出发。据车站上的人员说，这一带地方的铁路交通尚能大体维持正常状态。旅行的唯一危险是敌机的盲目扫射或轰炸。徐州虽然天晴，所幸火车西驶，一路都遇着阴天（后来由郑州南行到汉口，沿途也多半是阴天或下雨）。敌机不曾“光顾”，未遇危险。我在车中作了一首诗，略记我经过徐州的感想。

孤城危峙夕阳开，旧迹谁寻戏马台。
万古江山彭祖夭，一家兴废项王哀。
地经劫火高低赤，人冒征尘断续来。
四望烽烟留不得，车轮何用苦相催。

车行过了砀山不远便入河南省境，天又暂时放晴。触景生情，我又得七律一首。

千里青徐半雨霾，车行入豫晚晴开。

风惊败叶收声去，日落残山变色来。
身自兵中初漏网，眼经劫后怕登台。
武昌屈指明朝达，忍赋南楼楚月哀。

郑州市街繁荣，俨然是太平景象。我们在车站上问明第二天上午平汉路有开往汉口的火车，在一家旅馆稍事休息之后，同到近处的餐馆去吃晚饭，饱尝全国驰名黄河鲤鱼的美味。

我们到了汉口，预料必须耐心等待些时，方能搭上到重庆的川江轮船，因此出了车站便一同去找旅馆。不意大小旅馆全告客满，无房可租。原来国民政府已从南京撤退，各机关的人员和他们的家属，纷纷迁到汉口。这一个华中的大都市，顿有人满之势。我们在郑州时已经听说国府西撤。我对守愚说："汉口的住处可能要成问题。"他说："总有办法。小吴是汉口市长，我同他在清华同班，彼此尚谈得来，我们去找他，想必会帮忙的。"我说："当然很好。不过如果国府人员，大批到了汉口，市长必忙于办'官差'，恐怕难于分神，照料私人朋友。陈钦仁在汉口办英文报，新闻记者是'无冕之王'，也许有点小神通。我们不妨分别给他们一个电报，请他们照应。"守愚同意我的建议，他发电给吴，我发电给陈。守愚把家眷放在一家较大旅馆的客厅里，我们便分头去看吴、陈两公。我在报馆见着了青筠兄，匆匆地叙了阔别，说明来意。青筠说："目前找住处，实在很难。不嫌委屈，就请到我家住着等船。守愚一家也请过来，大家挤一挤好了。KC（国桢）因为政府撤退，忙得来日无暇晷，恐怕不能为守愚设法。"我表感谢之后，立刻回到赵家暂时歇脚的旅馆。守愚已先一步回来了。他说："小吴真不讲交情。不帮忙，也罢了。他至少可以客气一点。"我们正待雇车去投奔青筠时，赵太太从账房走出来说："好了，我们有住处了。旅馆的经理碰巧是广东人，我用蹩脚广州话跟他硬攀同乡，诉说我们的窘状，他慷慨地让出一间大房给我们住。"这样一来，住的问题便圆满解决了。

我们在青岛托中国旅行社交铁路局联运的行李，全数安全运到了汉口。守愚和我同到车站去领出，分别运到他住的旅馆和青筠的寓所。在全面对日抗战进行中，旅行社和铁路局办事的效率如此之高，真令人钦佩感激。

青筠一家住在一所西式大厦的二层楼上，他让我在一间大房里下榻。一日三餐，盛馔招待。老友的高谊盛情，可感之至。我每天与守愚联络，到各处去设法购买入川的船票，但毫无结果。陈石孚兄一家到了汉口，没有住处，青筠把他们安置在会客室里面。室小人多，晚间只好挤成一团，席地而卧。我对青筠再三说，我愿意让出我所住的一间给石孚一家住，我在客厅里睡。青筠坚决不肯，强词夺理说："你是老大哥，石孚是小晚辈。你先来，他们后到。岂可以后占先，老让小的道理。"

我到中国农民银行分行去探问在京行服务薛蓉城（迪锦）的消息，才知道他奉命带领一批行员撤退，已经到了汉口。他说："你不如到我们行员的临时宿舍来暂住，接洽船票要更加方便些。"我当然乐于接受他邀请。这样青筠才同意我迁出他的寓所。我每天早出晚归，在餐馆里吃饭，享受粉蒸鮰鱼、红烧野鸭、清炒虾仁等味美价廉的佳肴，以比清蒸黄河鲤鱼，真是各极其妙，难分轩轾。

一天晚上守愚来通知我说："船有了。明天中午开往重庆。虽然只有统舱票可买，总胜于在汉口老等。"到了第二天，我们带着行李上船。甲板上和船舱都挤满了乘客。不用说没有铺位，连座位也无从安排。守愚找到一位船员，请他设法。他发现守愚是他的浙江同乡，才说他可以和一个水手商量，请他让出他自己的一间小房，安置守愚的家眷。我对守愚说："你们先走罢。我给舍弟公远一个电报，要他在船到重庆时到码头上来照料你们，安排住处，接洽到成都的长途汽车。我想在汉口再等些时。一张船票应当不难得到。"我与守愚一家告别后，下船雇车，带着行李，回到农行宿舍。将要走到时，遇着清华的一个四川籍的张姓学生。他问知我要去重庆，还没有船票，便说："巧得很。我们一共四人，从北平逃出，在这里搭船回乡。有一位同学改变计划，决定去长沙临时大学。他的一张民生公司轮船的房舱票，可以转卖给你。船明天就开。"我喜出望外，付了票价，拿着船票，回到宿舍，收拾行李之后，到青�处去告辞。我把这好消息告知蓉城，他说："好运道呀。你坐房舱，可以带不少行李。我有一只衣箱，请你带到重庆，交给内人，可以吗?"我当然乐于"效劳"。

在船上会见了其余的两位同学。承他们好意，把一个最方便的床位让给我。我们同房四人都能说四川话，不拘形迹，谈笑甚欢。天气晴明的时候，我们走上船顶的甲板，眺望两岸的风景。夔门三峡，一览无余。眼福真是不浅。十二月二十二日傍晚，船到重庆朝天门外的码头靠岸。公远、公逊都在江边等候，帮着取出行李，便陪同我到儿童时代居住了多年的玉带街马家巷七号萧宅。

宣统三年（一九一〇）春天，我随大伯父离开重庆。二十八年之后，旧地重来，大伯父、大伯母早已弃养。两位姐姐于民国六年出嫁。二姐的夫家，远在江西，当然不能见面。大姐丈蒲叔宝（殿位）已于十多年前因心脏病故去，大姐带着一儿一女住在马家巷七号前进的楼上。伯父、伯母逝世后不久，这所旧宅曾经局部改建。从前我们一家居住的三进房屋，现在四家分住。全部楼房，原系储藏室，现在都有人住着。四家房客之中有两家是随着政府迁来的"下江人"，其余两家是自己人：蒲家大小三口和公远全家大小五口，大姐和公远，同其他房客一样，按月照纳租钱，由云临（公远的四弟）代公遂（大伯父的庶出子）经管。我承大姐招待，住在蒲家的楼上。(我向公远探问赵家的消息。他说，每天去问，船一直未到。他们坐的是一般比较小而旧的轮船，马力不大，载的客人和货又多，因此驶行迟缓。据公司的职员说，预计后天可到。到时我们前去照料。他们一家在旅馆里住了一晚，第二天由公逊送他们上成渝公路的长途汽车，去到成都。)

我同大姐、公远、公逊等谈起二三十年中的旧事，不胜感慨。我本打算住三五天就去成都，他们都留我在重庆过农历新年。他们说，多年不曾见面，岂可匆匆离去。四川大学秋季学期，即将结束，早去成都也无课可授。我无法反驳他们，更乐于在马家巷多住些时，把去成都的念头暂时打消了。除了与家人话旧外，我的活动包括到通远门外山上去拜扫生父和大伯父、大伯母的坟墓，过江到南岸真武山、老君洞等处游览，到城里大街小巷去重认儿时的游踪。一天我走过陕西街、双火墙，旧日的怡丰号“华屋”已为某军事机关所租用，过门而不能入，不禁为之怅然。有时我同着公逊到嘉陵江边去散步，看见满载橙子的小船，便向船上人买几十斤，雇人运回，供人大嚼。四川东部所产的橙子（重庆人叫广柑）汁多味甜，远胜于美国的脐橙。广东的新会橙，甜味与川橙相伯仲，但芬香似乎略逊。

在马家巷盘桓了三十多天，到了二十七年（一九三八）二月初，我辞谢了大姐、公远，起程赴蓉。公逊在重庆闲居无聊，想到成都去谋事，我约他作伴同行。我们早晨坐上成渝公路的长途汽车，中午到来凤驿，汽车停了，大家下车进餐。晚间在内江一家旅店住宿。次日拂晓上车，继续西行，傍晚到达成都。南北转徙的流亡生涯，暂时告一段落。我在内江旅店里，中夜不寐，作了一首五言诗，略记当时成渝路上旅行的情形：

人声沸驿亭，临发日未旭。
行客众如鲫，传车小于屋。
登车肩相摩，入坐肢蜷局。
客心自烦劳，车轮纷轹辘。
途长多坎坷，人共车起伏。
同车有吴人，低语诉衷曲。
名城半灰烬，故里鲜遗族。

万里走西陲，偷生计已蹙。
言苦意多哀，泪尽难为哭。
同车有蜀女，笑谈纷珠玉。
妙语解人颐，布裙清绝俗。
夫婿亦俶傥，唱随真艳福。
哀乐何悬殊，天道远难瞩。
早攀老鹰崖，奇峰高骇目。
午入来凤驿，盘餐饱粱肉。
向晚至内江，寒村寄一宿。
饥鼯猛如虎，得食相争逐。
孤檠光暗淡，浅睡梦断续。
飞蓬无定根，安居何处卜。
修途亦易尽，飚轮地可缩。
明日锦官城，征尘快一扑。

（此后我曾几次乘长途车往来于成都、重庆。抗战愈久，后方物资愈趋缺乏，驶车的燃料往往用木炭代替汽油。这种经改造过专用木炭的车马力减低，驶行迟缓。加以机器使用逾龄，无法充分修理，以致开行后随地“抛锚”。乘客有时只能在“三家村”里的“茅店”住下，耐心等候。原来两天可以走完的路程，竟会需要四五天之多。）

二二、漂泊西南（二）·糊口

于四校

我到了成都，在国立四川大学重理“粉笔生涯”。因为我在学年的中途到校，我所授的中国政治思想和西洋政治思想两门课程，无法排在白天，只好在星期一、三、五晚上七点和八点钟上课。这于我尚没有太大的不方便，我却担心没有学生来选我的课。不料每一班上竟有五十多人。他们也许震于“中英庚款讲座教授”的头衔，为好奇心所驱使而来。但不久我看出他们都用心听讲，并且手不停挥做笔记。他们的中文程度颇好，但阅读西文书的能力甚为薄弱。他们保持着尊敬老师的古风，例如我走进教室的时候，他们不约而同，全体起立，向我致敬，下课也是这样。我请他们不要“拘礼”，他们仍旧自行其是，我只有更加用心讲授，略报他们对我的特殊看待。

一个学期匆匆过去了。我在川大的第二学年仍旧授中、西政治思想两门课程，钟点改到星期一、三、五日上午十时和十一时，班上的学生增加到七十多人。上课不久之后，发生了一次风潮。抗战前一年校长任鸿隽先生辞职他去，遗职由张真如（颐）先生暂行代理。任、张两位都是川籍的学者。多数川籍教员认为“川人长川大”是“顺理成章”的办法，因此他们相信张真如必然会由代理而真除。教育部另派程天放先生长校的消息传到学校之后，他们大为失望。理学院院长魏嗣銮先生和若干位川籍教授，发起“拒程”运动，邀请守愚和我参加。守愚和我商量，他认为我们是

“客卿”身份，不便过问校务，但也“不好意思”置身事外，似乎不妨去开会，看情形后决定行止。我赞同他的意见，同着他到魏院长的家里去开会。教育部对这一群教员的抗议并未采纳，程校长如期到校视事，拒程风潮于是无形中平息了。（后来我到重庆，蒋廷黻兄对我说，发动风潮的人多系中青党的党员。如系事实，拒程风潮可能有政治背景。）

程校长到校之后，来信给守愚和我，约我们同时去谈话。他请守愚担任经济系主任，要我主持政治系。我们不约而同请求稍事考虑，第二天作答。我们出了校长办公室之后，守愚问我是否接受。我说有两个理由使我不能接受，一是我回国以来，立志专心教学，不担任任何学校行政工作。民国二十二年（我到清华的第二年），上海光华大学校长朱经农先生想约我去任文学院长，托内弟薛少岷来信致意。我婉辞谢绝了。我现在并没有改变这志愿的理由。二是昨天政治系教授张宗元先生对我说，学校通知他，下年不再续聘。他是南开大学毕业生，曾留学美国，在川大任教将满三年。我听见现任系主任徐敦璋先生说：“他教学的成绩不错，颇受学生的尊敬。只是他心直口快，爱谈时事，毫无顾忌。”校长想整顿政治系，因而要我做主任，依理我应该协助他。然而在约我之先，他解聘了系里并未渎职的教授，系主任的职务我确实不便承担。守愚同情我的看法。他自己是否接受校长的邀请，尚难决定。我说：“守愚兄，你没有推辞不就的理由。”结果是他就而我辞。[后来叔玉任二十九年（一九四〇）十月三十一日成立的江西中正大学校长，坚邀我去任法学院长，我也未就。]

前线战事吃紧，重庆已遭敌机轰炸，成都也放过空袭警报，虽然尚未被炸。为策师生安全起见，川大于学年终了后，迁到峨眉山上，到秋季开学时照旧上课。山上没有中小学，我们如果随校西迁，儿女等的学业要受影响。我那时已在新从北平迁到成都的燕京大学兼课，生活勉强可以维持。因此我向川大辞职，留在成都。（二十七年夏天，我经过昆明、海防、香港，到上海把家眷接到成都。经过情形留待下面略述。）

抗战结束，川大从峨眉迁回成都，在东门外望江楼附近永久校址开课。校长黄季陆先生亲到我的寓所来约我回校任教。季陆先生十分优待我，令我感谢难忘。我再度任教川大，为时颇短［三十四年（一九四五）秋季起，三十六年夏止］，但十分愉快。

在国内局势转变之中，不快意的事态时有闻见。川大教务长叶石荪（麐）便是一个显明的例子。他是四川人。少年时曾有志于海军，但终于到法国专研心理学。他为人倜傥风流，颇有文才，留学时娶了一位法国女子，回国后在清华大学心理学系任教。他偏向于“内观派”的心理学（introspective psychology），系主任孙小孟却接近“行为派（behaviorist school）。两人论学意见相左，时起冲突。法国太太又和他离婚回国。在中日战争爆发的前一年，他辞职回川，就聘川大。我到成都之后，时常与他谈论诗词，颇相契合。不过石荪与我有一个根本不同之点。他胸藏着政治野心，我只是没出息的自了汉。他从峨眉回到成都之后，态度显然有了转变。他与我不常见面，更绝口不谈文艺。原来他暗中加入了民主同盟。我疑心他对校长是貌恭顺而心叵测，利用教务长的职权，为“左”倾分子造机会。他的手法并不高明，所收的效果也很微小。例如教务处把拥护或同情政府教授的课程尽量排在最不方便的时间或最辽远偏僻的教室里去讲授。其用意显然是想学生“知难而退”，避免选修这些课程。但学生并不曾因此而裹足不前。

二十七年秋天燕京大学一部分的师生从北平撤退到成都，在城内陕西街临时校舍开学。梅贻宝先生（清华大学校长的介弟）任校长，吴其玉先生任政治系主任兼法学院长。我应邀在政治系授中、西政治思想两门课程。校址离川大很近，兼课甚为方便。川大迁峨眉，燕大也疏散到南门外的华西坝，借华西大学校舍授课。我继续兼课，直到战争结束，燕大迁回北平为止。我第二次在燕大任教，为时七年，远较第一次长久。

上海光华大学（这是抗战前圣约翰大学一部分爱国师生，因校方禁止在校园内悬挂国旗，集体离校后所设立的一所私立大学）未雨绸缪，七七事变以前，在成都新西门外，离城七八华里的乡间，修建校舍，设立分校，由谢霖甫（中国会计师公会发起人）任校长，内弟薛观澄（迪靖）任教务长，观澄几次要我去光华兼课。那时我尚住在城里，在川大和燕大两校授课，每星期共十二小时，已经够忙了。（从城里坐人力车去光华，来回一趟至少需两小时。）因此我不曾应允。川大决定迁峨眉，我们一家也决定疏散下乡。观澄代我们在西郊铁门坎，离光华不远的一个农家租赁几间房屋。我等到功课结束，便全家搬去居住。观澄重申旧议，我当然乐于接受。从二十八年九月起到三十六年六月止，我在光华任教整整八年。我继续在迁往华西坝的燕大兼课。好在从西门外到南门外，距离尚不过远，费时尚不太多。

我们在铁门坎农家居住两年，充分领略了田园生活的妙趣。“五谷不分”的讥诮，可以豁免，虽然我仍旧保留着“四体不勤”的弱点。儿女们生活在“大自然”的环境中，身心兼泰，无灾少病，在光华附设的中学就近肄业，成绩也都不差。相随多年的张妈，因为年事已高，不愿随行入川。我们就近雇了谭嫂（“嫂”是四川女佣的通行称呼），每晨到东去约五里的青羊宫或西去约五里的苏坡桥乡集，购买新鲜无比的鱼肉蔬菜，供应我们一日三餐。有时敌机西飞，警报大作，我们知道四面都是田野，毫无目标，行所无事，不必另找安全地方躲避。我们的生活颇为安定而愉快。

我在农家寄居两年，完成了《中国政治思想史》的撰写。我在清华任教时所编的参考资料和我历年授课所用的教材，全部带到了成都。我在城内川大任教时又从图书馆所藏的中国旧籍中搜集了一点补充资料。现在利用乡间的安静环境，着手写一部适合大学生和一般读者参考的《中国政治思想史》。坊间虽然已经出版了两三部《中国政治思想史》，我相信还有余地写一部根据政治学观点，参酌历史学方法，充分运用原始资料，尽量避免臆说曲解的书。每天晚饭已毕，稍事休息之后，我便独坐书斋，在灯下构思走笔，日复一日，很少间断。到了二十九年夏天，全书脱稿，偿了怀抱十几年的夙愿。这书承教育部审定为“部定大学用书”，交由重庆商务印书馆于三十四年出版。

在付印以前，教育部史地委员会曾把书稿交请史学家缪凤林先生审查，并把审查意见寄交作者，要作者斟酌答复。缪先生在审查书中称许备至，同时也提出几点，要作者加以考虑。（一）书中叙述中国政治思想，只上溯到晚周。唐虞以迄西周，概从删削。（二）论先秦政治思想的历史背景，说儒、墨、道三家都有殷遗民的渊源，没有显明的证据。（缪先生声明上面两点是黎东方先生提出的，他“完全同意”。）（三）讨论诸子学说地理分布一节里面，“北派”“南派”的说法，缪先生也不满意。他说：“此说创于倭人，梁启超氏言之最详。然近年已为研史者所唾弃。”缪先生最后建议说，上面所举有关历史渊源和地理分布的几点，“立论既皆未妥，如能商诸原著者加以省略，自属最佳”。

我复函教育部史地委员会说：

顷奉贵会史字第七二八号大函，承示缪凤林先生审查拙稿《中国政治思想史》之意见书，诸多奖饰，曷胜感愧。缪先生暨黎东方先生指正第一章中各端，爱人以德，尤所钦佩。惟是鄙见所及，尚有须请进教者，谨条举如次，敬希亮察：

一、书名“中国政治思想史”，自应叙述吾国古今之全部政治思想。拙稿所以始自晚周者，实缘西周以上，文献鲜征，难作条贯之论述。今存之要籍为《书》《易》《诗》等经。其中所含之政治思想均属一鳞一爪，首尾不完。《书》《易》之中，尚有先儒认为可疑之部分。《周礼》一书专陈政制，然亦未可肯定为西周之古籍。公权爰奉孔子阙疑之教，不立专篇述论，但于孔孟诸章中随时附见，以小逭数典忘祖之责。

二、儒、墨、道有殷人背景之说，诚不能作为定案。然拙稿云云，亦非纯出臆造。孔子为殷人，见《礼记·檀弓》，夫子自道。汉人亦有此说。（如《汉书》梅福传，三统议。）近人胡適、傅斯年两先生加以推衍。（胡先生所说颇有过当，不敢尽从。）墨子为殷人说，本诸俞正爕癸巳类稿，谓墨为宋人，宋为殷后。其说殆非凿空。老子为殷人，旧无此说。姚鼐谓老子姓子，近人马叙伦先生亦言之。宋为子姓。则老子亦殷后。（中略）

三、南北之分，洵乏科学之准确性。然其说发自亚圣孟氏，非倭人所首创。孟子称陈良楚产，北学于中国，北方学者未能先之。又谓许行为南蛮鴂舌之人。《中庸》载孔子答子路问强，有南方北方之别，则先于孟子。《庄子·天下》篇有南方之墨者一语。盖晚周人言南北，殆就方向比较言之，不必拘定河淮之界，如缪先生所示，指齐鲁为北则宋楚为南矣。公权未遑深考，乃用南北之词，殊嫌含混。然拙稿中言诸子之出生地，均就其可考见者标出国名，当可稍减误会。

至于拙稿第一章之处置，愚意以为不必如缪先生之议，径与删削，似可于章目之下注明“本章所述，多非定论。聊备一说，以供读者参考”。公权所以未敢遽遵缪先生之议者，实以此章所论，颇有治政治思想史者所极应注意而亟待索解之问题，不可因作者学植浅薄，不能为允当之答案而遂置之不论也。（下略）

史地委员会把原稿交商务印书馆照印，未加任何删改。我复函史地委员会之后，曾致书缪先生，表示谢意。他回信说：

（上略）丧乱以还，著述界寂寥甚矣。大著林虽仅拜读一过，然胜义络绎，至今历历如在心目。如谓法家思想与近世法治如两极之相背，真令人有石破天惊之感。然其说实至当而不可易。又如丁在君与某君合纂梁任公年谱油印本三厚册，林曩尝细阅一过，所述任公一生思想之变迁，实远不足与大著比。章太炎氏门生甚众，其民族思想之精义亦无人能如大著言之既详且尽也。私衷惟祝早日行世，其造福于学人者当无量也。（下略）

三十年（一九四一）春天，观澄来劝我们搬到光华大学新近建造的教职员住宅里去住。这不但上课和出入远较住在铁门坎农家为方便，而且较有照应。我们接受他的邀请，租了光华村六三别墅第十和第十一号两所小型住宅，于七月初迁进新居。我开始实行我本年元日发笔诗句“买山无计且栽花”的志愿。到三十六年夏天离开光华去南京政治大学任教时，我们屋前的“小园”又颇具规模了。

三十四年秋天，燕京大学迁回北平。我应华西大学的聘，继续讲授中、西政治思想。来选修这两门课程的学生约有五六十人。四川大学从峨眉山迁回望江楼的校址，黄校长要我回校授课。我谊不容辞，也乐于从命。加上光华大学，我同时在三校兼课，每星期上课十八小时，奔走于光华村（西）、华西坝（南）、望江楼（东）之间，造成了“恶性兼课”的局面。幸好为时只有两年（三十四年九月到三十六年六月），我尚能支持过去。抗战期间，教员的薪给不丰，物价不断高涨。单靠一个学校的薪金，不能够维持合理的生活水准。我们的儿女都是十几岁正在求学，需要充分营养的青年人。让他们的学业不致中断，身体保持健康，是我无可推卸的责任。

我没有时间去搜寻新教材。同时各校藏书无多，国外近年刊行的书籍尤其难得，因此新教材的来源也几乎枯竭。我在各校讲授，只好用过去十几年来陆续所得的旧材料。偶然间“温故而知新”，我在旧材料中得着一些新见解，便高兴地提供学生参考。国立、私立、教会大学学生的背景和程度，不尽相同。我力求所讲的教材适合每校学生的需要。例如川大学生比较富于“国故”的修养，但比较短少西洋历史知识。燕京和华西的学生与此几乎相反。因此我讲授的内容也随之而有异。

在这十来年当中，除了在川大、燕京、华西、光华四校先后或同时授课以外，我还曾三度应邀到成都以外的地方去短期工作。二十八年，周枚荪先生约我到中央政治学校，就“国权与国力”的题目，从三月十六日起，到三十一日止，做了六次演讲。周先生这时在中政校掌教务，先后约了几位比较知名的大学教授到校做学术演讲。他曾说：“我们努力推进党化教育的工作。这是当今的要务。但要实现优良的党化教育，我们同时也要注意到教育化党。”我不敢自信，对他的主张有任何贡献。但我不愿辜负他的盛意，只好勉为其难。抗战期间，中政校在重庆郊外山中所建的临时校舍授课。我趁演讲之便，曾到附近的花溪、温泉、仙女洞等处去欣赏，游览。

二十九年夏天，我在国立编译馆担任编纂的职务，馆长是陈可忠先生。同事中有孙小孟、郑鹤声、台静农诸先生。馆址在白沙镇旁山顶上的嶎渥居。群峰环列，风景壮美。诗人吴白屋（芳吉）先生墓在黑石山聚奎中学附近，我曾抽暇去展谒凭吊。

卅三年（一九四四）冬天，我应聘到中央训练团高级班（第三期）任教官，讲“各国政治思想”，为时约一个月。同期任教官的有钱宾四（穆）、冯芝生（友兰）、钱端升、陶孟和诸先生。团址在重庆郊外复兴关（原名浮图关）附近山中。学员一体穿灰布棉军服，受军事训练。团中秩序井然，气象严肃。讲堂的大门上高悬着长约盈丈的横额，上面写着“尊师重道”四个大字。教官的宿舍在一座精致的西式砖房里。每天拂晓闻号声起床，晚间九时闻号声熄灯就寝。宿舍的大门由管理员晚间锁闭，禁止出入，次晨才开锁启门。上课前团中派肩舆到宿舍，请教官乘坐到讲堂去授课。

训练团指定我讲“各国政治思想”，目的是在让学员们得着一点当代各派理论的认识。他们多是中级的文武官员。其中有东西各国留学生，也有不曾进过大学文法科的军人。为几百名背景互异的学员讲政治思想而能让他们听来入耳，不是一件十分容易的事。我谨慎将事，总算不曾出丑。听说钱宾四先生最受学员们的尊崇。端升讲“各国政治制度”却出了问题。教务主任托我转告他，说学员不满意他的讲授，酝酿罢课，请他提前结束他的课程。我立即告知端升。他说，“我今天就可结束”。我想他讲各国政制，不免要涉及多党、两党、一党等制度的运用和效果，可能他无意之中，引起了反感。（这一个不愉快的经过，或者对他后来不无一点影响。）

高级班结业以后，我离渝回蓉。来回程的飞机票都由训练团供给。回成都时适逢飞机因故，暂时停航。我急于回家，决定改乘邮政局的长途汽车。这比公路局的汽车舒适迅速多了。三十四年一月二十五日（农历甲申年十二月十二日）启程，二十七日到达成都。我曾作七言诗一首纪行：

千里飚车蜀道长，归来故我异寻常。
袖中锦水春风暖，襟上巴山夜雨香。
诗句为人书草草，游踪与客话堂堂。
荆妻絮絮挑灯话，细看新添鬓角霜。

一三、漂泊西南（三）·成都

九年半

从二十七年二月到三十六年八月，我在成都住了九年半。加上儿童时代住崇庆州的两年（光绪二十九到三十年）和住巴县（重庆）的十一年（光绪三十一年到民国四年），我在四川前后总共住了将近二十三年。无怪乎若干朋友说我是四川人了。

二十七年六月中，学校课务结束之后，我从成都起程，经过昆明、海防、香港，到上海去接家眷。因为要假道法国殖民地——安南，我为家人们和我自己办了“出国”护照和必需的“签证”。第一段路程，乘飞机从成都到昆明，迅速顺利地完成了。我在叔玉的昆明寓所住了几天，和他畅话别来，并和相熟的清华旧同事把晤。将离昆明的前一天，陈岱孙对我说：“陈寅恪全家住香港，学校尚欠他一个月的薪金，无法汇寄到香港。你可以带现款去交给他吗?”我说：“我随身只携带一个小箱，里面装着一些夏天换洗的衣裤和毛巾牙刷等物，尽有余地放几百元的钞票。”岱孙说：“安南政府禁止中国货币入境。你肯冒险，与人方便，不但寅恪应当感激，我先此向你致谢。”我说：“冒险倒无所谓。万一不幸被安南人没收了，我可没有力量赔偿这一笔款。”他说：“你当然不负赔偿的责任。”他又说：“我还要谢谢你去年秋天从北平把我的讲稿和札记全部带到汉口，交鲁公望送到长沙。没有这些讲稿札记，我简直要无法教课了。”我说：“到了昆明，听见一位朋友说，Whatever Tai-sun says，goes；whatever goes，Chihsheng says.‘岱孙说了便行，芝生行了便说。’现在你说要我带款，那还有不行的道理吗?”我把钞票用旧报纸包着，放在箱里。到了牢该（入安境的第一站)，我同着其他旅客鱼贯走进车站，把行李放在一条长案上，听候检察。我事先把小箱开了，毫不在意地推到检察员的面前。他看了一眼，便挥手教我过去。到了香港，我当天把钞票送到寅恪的寓所，请他通知学校，款已照收。

从昆明坐滇越路火车到河内的一段行程也顺利完成了。在河内一家旅馆住了一夜，第二天再坐火车到海防去趁到香港的海船。这时安南已经进入炎夏，火车上、旅馆里，电扇不停地转着，仍然汗流浃背。幸好到海防的第三天有一艘开往香港的客货船。船舱设备颇为简陋，一日三餐勉可充饥。最感不便的是，船上餐厅按照法国人的习惯，进午、晚餐时只供给品质低下的葡萄酒，没有水喝。

海行三四天，到了香港，我在一家中国人经营的“海陆通”旅馆住下。四天之后才有一艘客货船开往上海。所喜旅馆房价不贵，我只好且住为佳，耐心等候。那时正逢荔枝上市，我饱尝了“挂绿”名种荔枝甘芳细润的美味，才了解东坡居士“不辞长作岭南人”的意思。

船到上海，我匆匆上岸，雇了一辆人力车径去法租界蒲石路怡安坊我们一家寄居上海的寓所。远别重逢的感想，不言可喻。我本打算在上海休息几天，便全家启程到川。不料到法国领事馆去办回程安南过境签证时，馆员无理拖延。隔两三天便去领事馆催问，始终得不着明白的解释为何，既不拒绝签证，又不给予签证。我终于疑心馆员看见护照所写的身份是“商人”，因而断定我富有资本，在上海成都之间“跑单帮”。迟不签证的作用是暗示“钱可通神”，只要我“识相”，送馆员一份适当的“礼物”，签证便可照办。我这假定，未必正确。但我决定对馆员说明我的身份。我说：“十几年来，我都在大学任教，并不是商人。中国政府所发的护照，有‘外交’‘官员’‘学生’‘商人’‘游历’这几种。我既不是官员学生，到上海来是为了接家眷到成都，也不是游历，外交部因此姑且发给我一份'商人'护照。我在上海停留已经快满了一个月了，如再耽延，回程的旅费要成问题。我恳请您同情我的处境，给我方便，我感谢不尽。”我的自白，果然生效。我得着签证，在八月中旬的一天上船，开始我们西行的旅程。

船到香港靠岸，船员通知乘客，当地政府对我们所乘的船施行“检疫扣留”（quarantine），不准开行，但乘客们可以上岸。这一项奇异的措施，据船员推测，是由于当地政府与轮船公司为难，借口检疫，使这一趟航行受一些经济上的损失。真相如何？无从得知。我们全家趁着这难得的机会，上岸到岛上各处去游览。中餐后上岸，晚饭前回船。晚间在甲板上散步，海风习习，凉爽宜人。岛上无数灯光，倒影波面，奇趣横生。轮船停航了一个星期，我们便享受了一个星期。

船从香港西驶，气候逐日转热。海防上岸之后，我们循着原路，于九月初到达成都，在东御河沿街九号分租了几间屋子住下。东御河沿街在四川大学校园的后面，我到校上课极为方便。

在各校授课，颇形忙碌，但我还有余暇去欣赏“锦官城”的景物，领略成都人的风趣。成都有许多特点颇像北平。最显著的一点是有“书卷气”，旧书店、书摊、古玩铺、表背铺之多几乎赶上北平。一般店员对顾客颇有礼貌，和北平店员有些相似，不像上海店员多带着市侩气。成都餐馆和小吃店的多而且好也令人想到北平。荣乐园、姑姑筵、不醉无归等的烹调，大可与丰泽园、正阳楼、东兴楼、玉华台等并驾齐驱，虽然成都的烤鸭比北平确有逊色。小吃如赖汤圆的“元宵”，酥软香滑，吴抄手的馄饨，细润清鲜，不但北平没有，在全国也当推独步。更妙是这些食品物美又加价廉，腰缠不丰的教书先生随时可以入座饱餐。

城外有几处名胜古迹值得游览凭吊。南门外的武侯祠、万里桥，北门外的柏林寺，东门外的望江楼、薛涛井，西门外的草堂寺、青羊宫、百花潭等，是人所共知的。此外离草堂寺不远有一处四川军人所建的王家花园，农历新年开放十几天，让人进去游览。虽不是名胜古迹，其中花木池亭的布置，颇有可观。这些地方，我都曾去游览，并且不只一次。

我很羡慕李白能够实行“一生好入名山游”的志愿。我虽也向往名山，但生逢乱世，又要教学糊口，国内的名山都无缘登览。嵩、华、衡、泰，固不曾到过，甚至我祖籍江西省的庐山也未涉足。更荒谬的是，在成都住了九年多，青城、峨眉也“失之交臂”。其实，我刚到成都便立志去游。但今年说“明年去吧”，年复一年，延宕下去，终久不能成行，至今悔恨无已。稍可引以自慰的是在北平清华大学任教时，每年春秋佳日到西山各处去登临；在上海青年会中学肄业时，曾趁着春假到杭州西湖畅游三天，总算不曾完全辜负大好湖山。

成都人的风趣是值得欣赏的。二十七年我初到成都，正是梅花开放的时节。一天我走过城内最繁盛的市街春熙路，看见一家小花店陈列着各色折枝梅花出售。其中一大枝绿萼梅，真色生香，极其可爱，但索价奇昂。我对卖花的老人说：“太贵了。”他应声说：“先生，花有几品，人有几等。”言外之意显然是，高贵的人才能赏识高贵的花。四川省主席刘湘逝世，成都著名的“幽默大师”刘师亮作了一副奇特的挽联：“刘主席千古，中华民国万岁。”有人问他，“千古”对“万岁”，虽然平仄失调，字义和字数总算相称，“刘主席”三个字怎好对“中华民国”四个字呢？他说，“是呀，刘主席对不住中华民国。”金陵大学、金陵女子大学和齐鲁大学撤退到成都，借华西大学的校舍上课。金陵男女大学的学生多半来自江浙沿海各省，是成都人所谓“下江人”。齐鲁大学的学生多半是北方人，相形之下，不免有些“土包子”的气味。同时成都市立第一小学疏散到北门外乡间上课，市立第二小学疏散到南门外乡间。于是这位刘先生撰了一副对联：

金男大，金女大，男大当婚，女大当嫁，齐大非偶。

市一小，市二小，一小在北，二小在南，两小无猜。

这些诚然是弄小聪明的玩意儿，不登大雅，但也妙语解颐，未可厚非。

照存稿计算，我在成都九年余，作了五百多首诗。（在此以前和以后所作，不过两百多首。）如果《中国政治思想史》可以说是“漂泊西南”的第一个收获，这些诗可以说是我的第二个收获。几位文学修养深厚的朋友鼓励我，与我唱和。我自知望尘莫及，但又欲罢不能。最令我感谢难忘的是朱佩弦（自清）教授。二十九年夏天，他于辞去西南联合大学中文系主任之后，同着夫人到成都来休假一年。于维杰先生在一九六七年二月二十五日出版的《书和人》第五十二期里《朱自清和学术研究》一文中说他“暇居一年，与萧公权等多唱酬，作旧诗。格律出入昌黎、圣俞、山谷间，而内容却是新的”。这是知言，也是实录。佩弦住在东门外环境清幽的报恩寺，我住在西门外的光华村。两处相隔约二十华里，因此我们面谈的时候不多。彼此“觅句”有得便交邮寄出，每星期至少一次。三十年春夏我所作的两首七律，虽不足观，尚能道出当日的实情。

（一）

戏简佩弦

居隔城郊互懒过，各消楮墨饫诗魔。

墨残共我磨研苦，诗进缘君唱和多。

渐恐晨炊真数米，责偿吟债似催科。

加餐近已成难事，戴笠相看奈瘦何。

（二）

佩弦过访，倾谈移晷，且为论定诗稿。越日寄怀一首，用旧作戏简韵

侨庐昨喜故人过，入耳雄谈破睡魔。
野菜登盘成不腆，浮辞开卷恨犹多。
心期清净都如水，诗律森严敢犯科。
屈指秋来君远去，神游相约到无何。

佩弦于秋初去昆明，回任联大讲席。我知道他授课、研究、著述的工作很忙，不敢寄诗去请教，而偶与潘伯鹰（式）、卢天白（美意）和其他几位朋友唱酬。佩弦于三十七年八月十二日因肠胃病在北平逝世，得年仅五十一。我曾作挽诗一首以寄哀思：

千古文章业，君堪一手当。
千种文人苦，君愿一身尝。
接物见肝胆，落笔摇精芒。
袭以温润德，澄渊涵素光。
岂知造化儿，生才复相妨。
深忧激高怀，并作形骸殃。
兵乱与贫病，纷沓相贼戕。
伤哉拂云干，摧折随风霜。
昔日觞咏乐，回思断我肠。
零落检遗篇，展读泪浪浪。

八月十日晚饭后，日本准备无条件投降的消息传到光华大学。城里城

外人声沸腾，爆竹喧阗。卢天白教授相信还都在即，当下作了一首七言律诗，表达欢欣之意：

寂寥天末报收京，自喜升平见此生。
遥念故园谁与守，所娇稚子尚长征。
月明乌鹊绕三匝，酒贵芳樽且一倾。
还订归田来岁计，待听布谷饷春耕。

我也诌了一首七古诗：

疏星灿烂暮天霁。爆竹拼訇人语沸。
众口争传倭寇降。繁灯赫赫鼓逢逢。
八年血战今奏功。百年奇辱一朝空。
擒贼擒王事非虐。降酋乞命须面缚。
夺其威福政归民。销兵放马人其人。
湔涤旧恶命维新。大道平和基善邻。
从此东海不波千世长熙春。

（高兴之余，我忽然想到，对外战争固已结束，内战威胁仍然存在。）

三十五年（一九四六）五月五日，国民政府正式还都南京。疏散到四川、云南等省的大学先后迁回原来的校址，外省来川的教员纷纷北上或东下。清华校长梅月涵先生来信约我回校任教。我很想回到“水木清华”的母校，与许多老友重行聚首。各地的交通尚未恢复常态，不但旅途艰险，而且旅费浩大。这也使我感到困难。我写信给清华总务长沈茀斋先生，表示希望回校后能够依旧住新南院（战后改名新林院）六号住宅。他回信说，学校当局决定，随校南迁的教职员，回平后有选择住宅的优先权。新南院六号已经有人选定了，不能让我们居住。我们仔细考虑之后，决意暂时留在成都。

六月（或七月）中，蒋廷黻兄来电说他推荐我任上海《申报》主笔，程沧波先生表示同意，嘱我从速到上海就聘。针对抗战方终、行宪在即、是非混淆的局势，在著名的报纸上根据严正的观点，发表社论，是极有意义而重要的任务，也是文人报国的一个大好机会。我接着电报，十分兴奋。但我检讨自己，觉得我的训练、修养、识见、文才都不够担负这项工作。姑就文才一点来说：我构思下笔，都很迟钝。在抗战前夕和抗战期中，朋友敦促之下，我勉力写了篇数无多的时论。这些文字是我就略知一二的题目，埋头伏案，一再修改而成的。这样学做“票友”，偶然“客串”（free-lance）一下子，已经感到吃力。我没有“下笔千言”“文不加点”的捷才去当报馆主笔。我电复廷黻，辞谢不就。

我们一家留在成都，许多朋友和同事陆续他去，使我们离群之感，与日俱增。三十五年秋季开学不久，光华大学一部分的学生借口学校经费支绌，内容空虚，发动驱逐校长请改国立的风潮。谢霖甫先生雇了几名校警来监视罢课的学生，防止他们越轨行动。某晚若干学生聚众喧闹，不服制止。警察向天鸣枪，以图弹压。这不幸的举动，使事态愈行扩大。谢先生引咎辞职，校董会派董事长向育仁（传义）代理校务。向先生是声望很高的成都“乡绅”，现任省参议会议长。到校后虚心下问，与教授们商讨解决学潮的办法。我建议两点：（一）校董会从速议定巩固学校经济基础，充实学校师资设备的方案；（二）代校长和教授们召集全体学生剀切劝导，要他们克日复课，学校保证不究既往。向先生都采纳照办。但主持风潮的学生显然别有企图。虽然教育部已经声明，光华不能改为国立大学，他们仍旧坚持要改国立。后来领导风潮的某学生出手殴打主张复课的某学生，经教授们会同校警，当场逮捕，送交法院，依法审理，拖延了几个月的风潮才告平息。（传说这无多意义的学潮是某“在野党”所授意或主使，意在取得光华为他们的教育界“地盘”。如果属实，我们应当为中国政党政治的前途发一长叹。）校董会聘王宏实先生任光华校长。王先生于抗战前若干年曾任川大校长，以严峻著名，对于桀骜不驯的学生毫不假借，光华的教职员对他颇表好感。

向先生卸除代理校长的职务，非常高兴，在他的郊外住宅设宴款待协助他平息学潮的教授们。他从前曾任川军师长，因为看不惯“群魔”横征暴敛、鱼肉人民、争城夺地、蹂躏桑梓的行为，自动辞去军职，从事于地方公益事务。为人清廉忠厚，很得当地人士的敬爱。三十四年冬天，第一届省参议会开幕，全体议员一致推他为议长。他和四川许多军人一样，是哥老会的首领。听说四川的哥老分两派，“浑水袍哥”做抢劫偷盗和其他不法的“生意”，“清水袍哥”不做这些事。他们入会主要是为了保障身家，便利事业。（清、浑两派组织上和人事上的关系如何，局外人无从得知，也不便探问。）向先生当然属于清水这一派。他的郊外住宅，坐落在田野当中，既无藩篱，更无墙垣。到了夏天，窗户晚间也不关闭，从来没有盗贼去“光顾”。儒家理想中大同时代“外户而不闭”的境界，居然实现了。哥老会的力量于此可见一斑。

在那时候的四川（尤其是川西），有些业务（如开旅馆、茶馆）和职业（如做军官或乡长），非有哥老的后援，难于做好。我认识的一位苏坡乡熊乡长证明这是实情。他是清水袍哥，办事认真，颇有才干。他就职以后，西郊一带几乎盗贼绝迹。偶然有小偷作案，都是外路来的非哥老分子。经失主报案，三五天内一定被乡公所破获。

三十六年夏初，国立政治大学校长顾一樵（毓琇）兄从南京来信约我任教。他知道我经济拮据，表示学校供给旅费。一樵是清华学校癸亥级的同学，抗战前又是清华大学的同事。我当然乐于应聘。恰好中国航空公司有一架运输机运钞票到成都，回程无货，可以搭载少数乘客。票价与一般客机相同，但可多带行李。在一个八月上旬的晚上，我们全家携带所有的书籍衣服，坐上航空公司派来的运货汽车入城，在一家旅馆里住了一夜，第二天一早起飞，离开了我们居住了将近十年，俨如故乡的锦官城。

一四、何莫学乎诗（二）·谊兼师友的吴雨僧

在成都十年，因为几位朋友的敦促，我学诗更加努力。但我在儿童时代已经开始学诗，在清华任教时更奠定了学诗的基础。

当我在六七岁的时候，罗师教我读《声律启蒙》和《千家诗》。我虽然不能了解其中的意义，但朗诵起来，觉得音韵和谐，入耳快意，因此对于“诗”发生了好感。后来何师于课读《唐诗三百首》以外，又教我选读“四唐”“两宋”名家的杰作，以及《文选》中的若干辞赋。这不但加深了我学诗的兴致，而且扩展了我对于诗的认识。那时候口诵而心赏的名篇，例如李白的《庐山谣》《梦游天姥吟》，杜甫的《丹青引》《兵车行》《丽人行》，白居易的《琵琶行》《长恨歌》，乃至李商隐的《锦瑟》《无题》等诗，到现在我还能够背诵。何师有时出些简单的题目，要我学作绝句、律诗或古诗。我作成之后，恭楷誊写在“窗课”的稿本上，呈请他评骘修改。他时常鼓励我，说我“颇有诗才”。（民国四年我去上海进学堂，这些有何师圈点和评语的稿本都留在重庆家里。二十六年回到重庆，想寻找这些稿本，不料早已连同着我童年攻读的旧书，全数抛弃无存。）何师夸奖，原是想使我努力求进。我不知自量，竟尔自命不凡。记得在十四五岁的时候，作过两首狂妄无比的七言绝句，何师看了未加呵责，我更自鸣得意：

（一）

笔生风雨砚翻涛，醉拂吟笺意气豪。
待到肠枯才尽后，细研残墨注离骚。

（二）

李杜苏黄妙手夸，文章异代发英华。
从今再历千年后，我亦前贤预作家。

读书不多，了解不透，而轻率下笔，当然会犯错误，闹笑话。宣统二年中秋节晚上，伯父邀请何师和几位“父执”到家里来宴饮赏月。酒酣之后，伯父命我应景作诗。我凑了四句，勉强交卷：

银界空明玉兔娇，芳筵美酒最良宵。
十年看遍巴山月，何似扬州廿四桥。

前不久我读杜牧《寄扬州韩绰判官》的一首七言绝句诗：“青山隐隐水迢迢，秋尽江南草木凋。二十四桥明月夜，玉人何处教吹箫。”觉得跌宕风流，十分欣赏，却不曾弄清楚“玉人”的身份。现在胡乱用了“廿四桥”的典故，假使何师和座客疑心我想学杜牧，做“十年一觉”的“扬州梦”，那才是沉冤莫白，无辞以解。

从民国四年起，我忙于学校功课，十年当中很少时间去继续学诗，但并未和诗学完全绝缘，偶然间还涂抹几句。在上海青年会中学肄业的头一年，承叶师介绍，我的几首诗词居然在“南社”诗集里刊出。萧笃平（民国五年夏天才改名公权）也居然成了南社的社员。林斌先生在《记诗人黄节与南社》一文中（《畅流》杂志三十七卷第六期，一九六八年五月一日出版）开列了一个社员的名单，一百多人当中有黄节、胡先骕、胡朴安、陈柱尊等知名之士，又加上按语说，“东南各省的俊彦都集合在南社这个团体里面”。林先生不会注意到其中有一个是绝对没有俊彦资格的中学生。

留美回国后，在南开、东北和燕京大学教课。五六年中，大部分的时间都用在搜集教材上，也没有许多余暇去学诗。但因事兴感，仍偶有所作。读书和阅历都比学生时代略多一些，从前所犯肤泛幼稚的病似乎也较少一些。

到清华任教两年之后，我认识了吴雨僧兄。经他的启发和感召，我分出时间再度努力于学诗。他只身住在清华园的“西客厅”，这就是《吴宓诗集》里所提到的“藤影荷声之馆”。（雨僧失恋之后改称“空轩”。）我携眷住在学校大门外的“新南院”。两处距离颇远，要十几二十分钟才能走到。因此我们来往不甚频繁，但每一次见面，至少要畅谈一两小时，使我获益不少。

雨僧论诗有独到的见解。一部分可从他所著的《余生随笔》（原刊于民国四年九月到五年四月《清华周刊》第四十八到七十二期），《空轩诗话》（民国二十三年汇集历年未刊之作，共五十条），《学衡》杂志（民国十一年至二十二年）中论诗的文字，和《大公报》文学副刊（民国十七年一月二日至二十三年一月一日）里许多论诗的文字中窥见。这些都收入《吴宓诗集》卷末，作为附录。

他在《学衡》杂志刊载的《诗学总论》里，根据自己的心得，参酌各家的理论，作了一条“力求平正浑括”的“诗之定义”。他说：“诗者以切挚高妙之笔，具有音律之文，表示生人之思想情感者也。”（Poetry is the intense and elevated expression of thought and feeling in metrical language.）照他的解释，“切挚”之笔即是“加倍写法，或过甚其词”。切挚有两种方法，“或加增其数量，或改易其事理”。改易的结果，虽然“与真理实象不合，与世中常情相悖，而写来又但觉其逼真”。例如柳宗元的诗“一身去国六千里，万死投荒十二年”，便是加增数量以极写“放逐孤臣感愤之意”和“长途险阻艰难之苦”。又如杜甫的诗“穷年忧黎元，叹息肠内热”，便是改易事理，以极写忧思的深切。

他进而说明诗的“内质”（思想感情）和“外形”（韵律格调）的关系：

诗所表示之思想感情，其内质之美也；韵律格调，则外形之美也。如有高妙之思想感情，尚是浑沌未成形之质，苟得以精美之韵律格调表而出之，则为极佳之诗，否则不能（为佳诗），故韵律格调，正所以辅成思想感情之美，并非灭绝之摧抑之也。思想感情不佳，徒工于韵律格调，必不能为上等之诗，此固显而易见。然若铲除一切韵律格调，使不留存，则所余者已不能为诗矣，尚何有于美乎？故善为诗者，既博学行德，以自成其思想感情之美，更揣摩谙练以求得韵律格调之美，夫然后其所作乃璀璨深厚，光焰万丈，中国之屈原、杜甫，西方之但丁、弥尔顿，皆是也。

我们不必完全同意他的主张，但不能不重视他这由研讨中西诗学，体验作诗甘苦而得来的见解。

他在《大公报》文学副刊《评萧公权反五苦诗》一篇文字里，就“新”“旧”问题讨论诗的材料（内质）和格律（外形）说：

吾人论诗，主以新材料入旧格律。夫格律变化无端，纵作者才性之所如，孰能制限？今曰旧者，谓必合乎中国文字之特性，不强以英法德日文之末节办法施于汉文而已。至于新材料，则谓前此未曾见于中国诗中，而今始取用之者。易言之，即今时之种种事境情态，及西洋古今之学术道艺思想文物，皆是也。夫西洋文明之精神，在其积极的理想主义。盖以明确之理智，高敻之想像，热烈之

> 情感，坚苦之事功，合而为一。（中略）窃谓此种精神，正吾虚伪怯懦之中国人所应了解、所应效法，而在今创作诗文所应尽量写入者也。（中略）创作诗文能涵育发挥此“积极的理想主义”之精神者，即不愧为崭新之创作，格律虽旧，无伤也。

这显然是针对模仿西洋“自由诗”者主张废弃旧诗格律，甚至废弃一切格律而发的。但雨僧于反对自由诗外，强调新诗必须托根于一种刚健的新人生观。照他说来，诗的新旧不系于格律的有无或新旧，而在乎作者人生观的新旧。根据颓废悲观而作有病或无病呻吟的诗，无论形式如何，够不上“新”的标准。

他在《诗韵问题之我见》一文里申论格律的必要。他说，“凡艺术必有规律”。规律不是任何人所武断订立，而自有其实用上的价值。他说：

> 凡人生社会各种规矩（Convention），似若束缚，实皆为全体或大多数人之利便。（中略）上者如道德事功，下之如衣服装饰，于规矩定律之外，随时因人施以变化，乃见巧思与聪明，乃成新奇与美丽。（中略）文学艺术，理正同此。各种规律之存在，不特不至阻抑天才，且能赞助天才之发荣滋长。

民国九年出版的《留美学生季报》第七卷第三号刊载雨僧的《英文诗话》一篇（收入《诗集》卷末，附录四），有一处讲“韵律格调”，更为透辟：

> 诗之所述，无非喜怒哀乐之情而已，此情为人所同具。而诗之妙处，正在其形式，即韵律格调之工。若去韵律格调而不讲，则所余之糟粕，人人心中有之，何必于诗中求之。

换句话说，诗是一种艺术的感情表示，因此不能不受艺术规律的约束。如果我们要表示喜怒哀乐的感情而不愿受规律的约束，我们不妨径自张开嘴，大哭大叫或大笑，很可不必咬文嚼字去作诗。

雨僧自己专作“旧诗”，但不反对别人作“新诗”。他只反对放弃一切规律而作诗。他说：“在今新诗可作，旧诗亦可作。”作旧诗的人应当遵循旧诗的规律，作新诗的人应当自由试验去建立新诗的规律。

雨僧不是一个“形式主义者”。他最注重诗的内容，诗所蕴含和表示的真挚感情。他在《诗集》卷首“编辑例言”里说得很明白：

> 作诗本无定法，随人而异。区区之意，以为作诗固不可不讲格律，然感情首贵真挚。世中万事皆可作伪，惟诗不能作伪。人生处处须行节制，惟诗中之感情，则当令其自然发泄。强之不可出，抑之亦难止也。（中略）旧诗之堆积词藻，搬弄典故，陈陈相因，千篇一律；新诗之渺茫晦昧，破碎支离，矫揉作态，矜张弄姿；皆由缺乏真挚之感情，又不肯为明显之表示之故。予所为诗，力求真挚明显。此旨始终不变。

就《吴宓诗集》所载将近一千首的诗看来，雨僧确能贯彻他的宗旨。但他力求明显的结果，引起读者的赞许，也招致读者的批评。他民国二十四年所作的《忏情诗》三十八首便是一个很好的例子。陈寅恪先生说：“直抒胸臆，自成一家。”张尔田先生却说：“君之诗，思密意周，是其所长。但少有余不尽之味。新诗不忌说尽，旧诗则最忌说尽。说尽，便同小说，即失诗味。此篇实嫌太多。应将直率者若干首删汰，较佳。”

平心而论，“含蓄”诚然是作旧诗的一个重要法门，但“说尽”的诗也可能是佳作。李白的《宣州谢朓楼饯别》，杜甫的《兵车行》《石壕吏》《新婚别》等诗，何尝不直摅胸臆，一发无余。张先生专主“含蓄”，似嫌稍偏。我同意雨僧的主张，作诗“本无定法”，但要根据“真挚感情”。有了真感，含蓄也好，说尽也好，一切要凭作者兴会所到和题旨所需为断，不必拘于一格。因此我觉得雨僧作诗，一贯力求“明显”，专主“说尽”，也不免有一偏之嫌。陈先生“直抒胸臆，自成一家”的八个字，是《忏情诗》的确评，也是全部《吴宓诗集》的确评。

雨僧作诗内质与外形并重。但他似乎不大看重锻炼字句的功夫。大体说来，他的诗放情率意，一气呵成，沛然莫之能御。辞藻为他所使用，而他不为辞藻所拘牵。这是他的长处。但这也不无代价。缪彦威（钺）先生评他的诗，大加赞扬，但又说“若求白璧微瑕，惟在未臻精练”。这是公允的批评。

雨僧论西诗中译也有值得注意的见解。他在《余生随笔》里说：

> 翻译书籍，自其极浅显处言之，决不可以甲国之字，凑作乙国之文理，而以为适合。实则窒此而又不通于彼也。凡欲从事此道，宜先将甲乙两国文中通用之成语，考记精博，随时取其意之同者，而替代之，则处处圆转确当。（中略）译诗与译文同理，惟译诗者不特须精通两国文字，多识成语，且须具诗人之才与性，则为之方有可观耳。

他本着这见解从事于西诗中译。民国十三年他选译波斯诗人鄂马开亚谟（Omar Khayyam）《四句诗集》（*Rubaiyat*）。下面的两首是很好的例子：

（其七）

春到何须恋敝裘，劝君斟酒且消愁。
由来时逝如飞鸟，振翼凌空不可留。

英人斐慈解罗（Edward Fitzgerald）的译文（即雨僧所用者）是：

Come，fill the Cup，and in the Fire of Spring
The Winter Garment of Repentence fling;
The Bird of Time has but a little way
To fly—and Lo！the Bird is on the Wing.

（其六十九）

解道生涯似弈棋，朝来夕去任推移。
局终惟剩枯枰在，成败兴亡空尔为。
But helpless Pieces of the Game He plays
Upon this Chequer-board of Nights and Days;
Hither and thither moves，and checks，and slays，
And one by one back in the Closet lays.

我从《吴宓诗集》里征引了他一些论诗的文字，我想借此表示我对于故人的怀念和感谢。他的议论，当我们在清华园里做长谈的时候，我早已耳熟能详，由此得着不少可珍贵的启示。这里所征引的只是其中的一小部分。

雨僧诗集编成后交给我看。我题了两首七言律诗。这虽不能充分说明他诗学的精神和造诣，但他既录入卷首，作为“题辞”之一，想必他认为所说的尚非完全荒谬：

希腊先哲柏拉图有心灵不朽之论，略依其旨，率成二章奉题雨僧兄诗集。民国二十三年七月。

（一）

青宫簿录未曾忘，认得前生号玉郎。
绮语廿年修慧业，尘心万劫恋仙乡。
荷声孤馆秋宵雨，梅影空轩梦境香。
满眼灵山飞不去，人间无计免清狂。

（二）

不到蓬莱不买山，依然扰扰驻尘寰。
吟余花月心如水，历尽风霜鬓始斑。
欲遣情弥天地外，何妨品列圣凡间。
诗囊自有千秋意，未要丹台候九还。

〔注〕前章首联本于柏拉图之“回忆说”（Doctrine of Reminiscence）。次联及末联分别用“理智之激励“（The Philosophic Urge）和“神狂”（Divine Madness）之意。次章第六句用《谈会》（Syrmposeum），202 所说：“他是一个卓越的精灵，而且和其他精灵一样，他是介乎神与人之间的。” （He is a great spirit and, like all spirits, he is intermediate between the divine and the mortal.）

中日战起，清华南迁，我和雨僧便分手了。直到民国三十三年夏天，他来成都任教燕京大学，我才与他见面，畅话别来。八月二十日是他五十岁的生朝（他生于光绪二十年甲午七月二十日，恰当西历一八九四年八月二十日），我献诗两首，借表祝寿之意：

（一）

鬓霜剑外乍添丝，守道身严似旧时。
移座倾谈心曲语，启囊亲检别来诗。
尘劳愧我真无状，天命知君已不疑。

杜陆遐踪今有继，风流儒雅亦吾师。(杜公句)

(二)

孤怀卓荦任斯文，笔振寒辉破俗氛。
诗健别从新境辟，道高犹许后生闻。
人居槛外清于水，女出门东乱似云。
莫恨空轩归不去，梦中梅影自缤纷。

学校寒假期间，雨僧到西安去省亲。行前他抄示《赋答公权》的两首五言律诗。这是我手边保存着唯一的雨僧墨迹，弥可珍惜。他的诗文信札都正楷抄写，一笔不苟，并且不写简笔字或俗体字。这就是一个极好的例子。(原迹请见附图)

赋答公权二首

吴　宓　甲申仲冬 成都

清华园里客，万里桥西家。
教授劳仍健，奔波意自遐。
思精明治道，诗美醉流霞。
一贯天人理，频烦赋落花。

惟狂思作圣，向道贵能仁。
一往殉情意，感君知我真。
悲欢心上影，离合镜中尘。
大地今千劫，飘流但佛亲。

战后清华迁回北平，雨僧也到北平，回校任教。此后再没有相见的机会。民国二十三年，他作了一首五言古诗，以首句“诗人何所归”为题。他自己答复这问题说，“终极归天命”。这是他见道之言。但我怀念故人，不能自已，仍继续想着“空轩”，继续要问，诗人何所归？

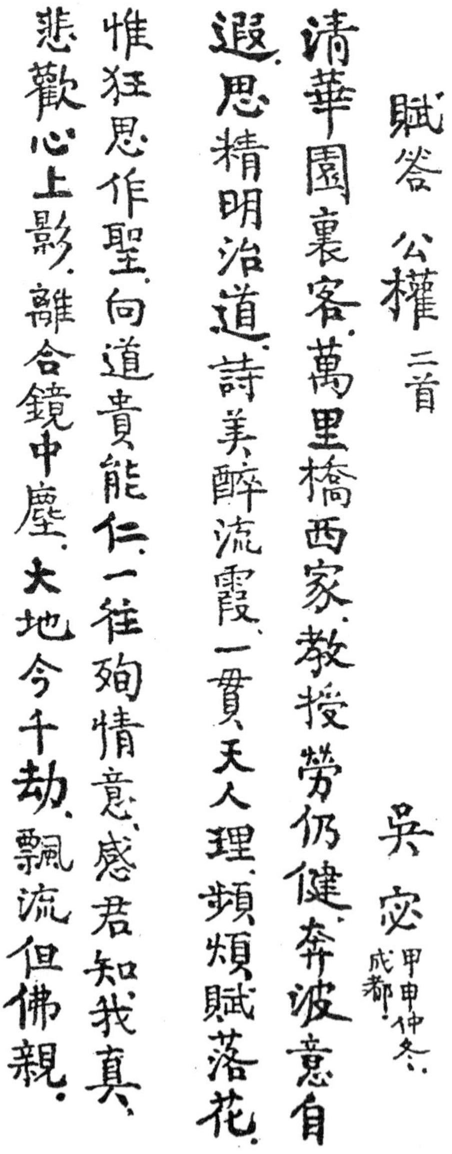
賦答 公權 二首

清華園裏客，萬里橋西家，教授勞仍健，奔波意自遐，思精明治道，詩美醉流霞，一貫天人理，頻煩賦落花。

惟狂思作聖，向道貴能仁，一往殉情意，感君知我真，悲歡心上影，離合鏡中塵，大地今千劫，飄流但佛親。

吳宓 甲申仲冬 成都

一五、何莫学乎诗（二）·朱佩弦及其他诗友

流寓成都将近十年，所作诗的数量远超出前此或后来所作。这是因为我受了非常时期中环境和事态的刺激，同时更因为我得着十多位诗友的热心鼓励。

我在未到成都之前已经有加紧学诗的打算。民国二十六年十一月中，我乘川江轮船西上，经过奉节县时，作了一首七言诗：

杜公避乱出峡去，我行因乱入峡来。
楼船十日溯江上，五丁神速疑相推。
瞿塘过眼影一瞥，巫峰回首云千堆。
白帝孤城忽在望，夔州万瓦遥崔嵬。
航程有限未肯歇，杜公隐处空萦怀。
公昔思去我欲住，去住不得谋俱乖。
公卒东下老病死，我兹西上胡为哉。
行踪先后已异致，诗史更恨无公才。
瀼西西阁岂堪问，东屯茅屋沉荒莱。
千载萧森尚留句，倚舷高诵江风哀。
花溪草堂迹未息，会当趋谒行苍苔。
异代私淑傥蒙许，愿耗蜀笺千幅裁。

才虽无似世有似，诗句万一能追陪。

想“追陪”杜公，自属狂妄，然而尚友古人，取法乎上，似乎也未可深责。

我在成都时结交的诗友共有十多位。其中偶相唱酬的是曾履川、黄竹生、陈青筠、浦逖生、孙小孟、翁智田、洪北平、李孟书和堂弟公逊。唱酬较多的是朱佩弦、潘伯鹰和卢天白。朱、李、洪、翁、卢五位，那时都是大学国文系教授。曾从前和后来也任教席。如果他们可称为“职业文学家”，其余几位便是“业余的诗人”。潘未任教，但文学造诣的高深，绝不亚于任何职业文学家。陈现在台湾，曾在香港，浦在美国。朱、潘、卢、孙、黄都已先后去世。其余两位在中国大陆，音问断绝，存亡莫卜。

朱、潘、卢三位是我时时追念的诗友。佩弦与我的交谊已经在前面（第十三节）提到过，这里我只想略为追述他奖进我学诗的情形。我毫不迟疑说，他是我学诗过程中最可感谢的益友。他赞许我的许多话，我虽然极不敢当，但经他屡次指点出诗中的甘苦，我学诗便有了显著的进步。

民国三十年二月初，我用“残灯”为题，步韵和他近作的《夜坐》诗两首：

残灯催客睡，倦拥旧毡青。
日月光都熄，羲皇梦不经。
荒唐照夜目，局趣处笼翎。
无寐亦堪喜，眼前通混冥。

神共形为役，尘羁碍默存。
劳生摧发短，冷被夺心温。
早识书无用，翻愁昼亦昏。

饥鼯凭暧昧，穿壁走喧喧。

佩弦回信说：

赐和《残灯》二律，首章三四语雄奇爽朗，所谓“调逐风云上”者。次章精炼而不失流利，此最难能；语语警醒，不容抉择，极佩！结联意新语趣，复饶弦外之音，尤令人眼明。（原信影印互见）

约一星期后，我以“呓语”为题，叠《简孙小孟白沙山居》诗韵，作七律两首寄给佩弦求正：

宰世休疑造物悭，辽东曾是令威还。
瞢腾异梦三分日，旖旎残春六代山。
烛灺青楼歌席换，沙沉白骨战场闲。
湘累何苦传天问，未抵芳醪发悴颜。

无须高论谴梁陈，怨鸟终填海作尘。
禹域奔狼胡运短，昆阳起凤汉仪新。
称心仙果三千岁，翘首澄波五百春。
深惜放翁赍恨没，灵山未学炼形人。

佩弦来信说：

公權兄：兩示敬悉，壯哉！
凝碧樓詩，三二夜望二首，業聖陶君及內人均謂次章較勝，
此首章前半乃弟用力所在，尊稿錄不敢當，仍附指出此等處，
誠所感佩也。韻腳一張，第三聯臨末可平讀，瀛字不能，弟誤記，恐
未妥耳。承 教極感荷。擬改「安眠」，高見以為可否？
寄和張楞二律，首章三四語甚奇爽朗，所謂「捆匝風雲上」者，
次章精鍊而不失纖利，此寫雜技，語之簡潔，不容按擬，極
佩！結聯意新語趣，復饒絃外之音，尤令人嚮往。踏破行雲雅
可誦，前半謝鍊，末二語新穎，仍尤出色。 金君文 來教所論皆弟
未見到者，極當。弟亦覓得大作於第十二期文而不見材多之處，殊可惜。
敬頌
暑安！

弟 [illegible] 頓首，燈下。

大作奇丽沉雄，承示诸篇中似均无此境界（《残灯》二章中有之）。贤者多能，无施不可，至深钦服。首章中二联感慨尤深，令人辄唤奈何。次语意亦新。二章前半并高响遏云。（中略）然弟所偏爱，尤在首章，以为盘行蕴郁，有一往不穷之妙。(原信影印互见)

佩弦接着把他叠颜字韵和作的《呓语》诗寄来。我以“梦破”为题，步韵和他：

碧落红尘分两悭，游仙梦破叹生还。
天流妖火燔旸谷，地涌狂泉拍阆山。
蚁酒不成千日醉，鹤丹虚费十年闲。
磨砖纵可为明镜，无复清都别后颜。

佩弦回信说：

大作奇横感慨，朗诵数通，便已成诵，足知其入人者深也。全诗结体完密，似尤在《呓语》二章之上。首联结联，不但如常山之蛇，首尾相应，且押“还”“颜”二韵，均极新警，令人眼明。（中略）又大作中二联亦皆未经人道，与起句落句极相称，又极相贯。奇横而不失自然，尤为难能可贵也。(原信影印互见)

上面所举只是少数的几个例子。佩弦的不断奖掖，不但增加我学诗的勇气，并且使我对章法、风格等重要问题更加注意。同时，从他称许某首某联而不提到其他，我知道哪些是我学诗比较成功的地方，哪些是我失败的地方。作者对于自己的作品诚然应当自有权衡，如杜工部所说“得失寸心知”。我所作的诗，或好或坏，我也未尝不试加甄别。但佩弦的评骘加强

出權兄：頃奉手教并大作嘆詩二十首。大作奇肆沈雄，取
示諸篇中似均無此境界（瓊鐙中二十首有之）。前二十首中二聯感慨尤深，令人翻嘆崇
賢者手觸，無施不可，至深欽服。
何。次韻二十首亦新。西字前半並有卿之遇處。兄着眼甚高，熟出物表，廓
哀婉之情之自流露於字裏行間。此亦吾輩生今日者無可如何者也。二十首
語氣發乎静穆，與其所偶交，尤在前十首，以為整飭蘊藉，有一種不
肯之概。步韻兄生作之兄（韻力未逮）氣勢，但苦不能割愛，且不免廊廟氣。因知老
杜北征固不易到乎。趙堯老到陰都，討事甚豐。亦曾有潘伯鷹君（見投）
前與相識。其七言古極見工力。其詩出於大蘇，香奩若綿麗，聲苗而有之。嚶其求
其近稿，寧獨英賢也。又相見生近作仍然藉綠，弟最愛其譯魯讀之（子衡）。南征之作
孫出之奇表，張念夫之佳作？吳詩話作與此即，吾輩思再請教。拙作吟如，弟錄為十九

公權兄：昨奉 手教并 大作見和一章十，敬悉。 大作奇橫感慨，朗誦
數過，便已成誦，足知其入人者深也。全詩結構完密，似猶在嚶鳴二章之上，
首聯結聯，不但如常山之蛇，首尾相應，且押「罡」「韻」二韻均新（極）警，令人眼明。佩甚、
佩甚！（昨晤府，羊君未得暇，晚偕西趨吳至家細日寄奉，乞 請示言（二））又大作
中二聯聲情并佳入題，出起句義句極相稱，又極相當，古極不失（而）眞，尤為難能可
貴也。前賢詩及 齋閣區文字，第按語注，有友人周厚樞（君）（粵山園主致字拔臣）爲其
太夫人所作書質，較譚叔平的契年素齋，而去行徑但未出周君手。 寄奉
清覽。 周箋仍乞 寄還為荷！ 此頌
吟安！ 羊君謝和，敬字頗清俊，兄亦當欽奉 公閱。 弟自（名）拜上 二十四日
某承小詩句未竹，於明日過五成了和諸友寶廓，未能不攘也。附呈 智耳所政 又及。

我的信心。他寄寓成都一年便回昆明去执教，这是我学诗的一个顿挫。

卢天白（美意）是安徽庐江人。九世祖卢谦，坚守孤城，御寇殉职。明庄烈帝于崇祯九年追赠光禄寺卿。《明史》有传。抗战期中，天白避兵到成都，任教光华大学。他和我都住在光华村“六三别墅”教员住宅，两家相距不过一百多码。秉性刚木，颇有祖风，落落寡合，却与我谈得来。他论诗比较推重宋人，曾举他的前辈李舍人（名字失记）的话，“要学真宋，勿学假唐”来勉励我。下面一首七律是我的答复：

诗真入宋嚼榹桃，诗假摹唐傅锦毛。
异代文章见因革，一时门户自卑高。
缘情丽句非浮响，称体佳人爱窄袍。
大乐五音须迭奏，清商独弄久为嚣。

这是我用“毛”字韵的第十四首诗。“毛”字韵的由来是这样的：公逊在光华大学附属中学当教员，夫妻失和后独居在教员宿舍里。民国三十一年（一九四二）三四月间他把头发剃去，但留着八字胡。因他近作《郊游》诗的第二句是“春风吹鬓毛”，我和韵一首调侃他：

短发齐根剃，从兹绝二毛。
髭存为寿相，禅定任魔高。
观色仍三界，如僧欠一袍。
镜台光彻顶，何处着尘嚣。

天白看见这诗，步韵作了一首七律。于是我们往来唱和了十五六次，直到夏初方才住手。

成都西郊草堂寺里面有杜甫、黄庭坚和陆游三位诗人的塑像。办事人失检，把黄、陆的位置颠倒误列。天白不惮其烦，找着住持，把两像的位置改正。我曾作诗记录这事：

涪翁与放翁，诗坛伯两宋。
身世同坎壈，忤时不见用。
远游俱入蜀，似受造物弄。
草堂有遗像，配杜作宾从。
诗中圣与贤，一龛三人共。
冷庙香火缘，应胜粟帛俸。
崇报尽妥帖，昭穆犹错综。
陆后反居右，黄先屈为仲。
岂尊渭南爵，安排想倥偬。
卢公今诗人，瞻谒始申控。
乡党礼尚齿，礼在不从众。
班行按先后，理直孰敢讼。
我意无间然，观像识诗统。
畴昔眠虚斋，放翁来示梦。
峥嵘古衣冠，目光照垣栋。
言称卢夫子，为人不趁哄。
于人属吾辈，于虫则麟凤。
亦作剑南游，亦有诗传诵。
亦当百世下，来享草堂供。
卢后陆居先，异齿而同封。
才高虽抗前，后至请入瓮。
言已矍然醒，落月在窗缝。
走告卢夫子，勿斥我聋瞢。

天白看了，抚掌大笑，连说："岂敢，岂敢。"抗战结束两年之后，他东下还乡，我们便永别了。

潘伯鹰（名式，别号凫公）是安徽怀宁人，和卢天白（庐江人）是同乡，但彼此并不相识。我和伯鹰订交可说一半是出于吴雨僧的间接介绍。雨僧在民国十七年冬天出版的《大公报》文学副刊里称赞伯鹰的小说《人海微澜》，后来又为这书作序。我原是《人海微澜》的忠实读者，从雨僧的文字里才知道"凫公"的人品和学识，因而发生了向往之心。民国三十年我探听到伯鹰的重庆住址，去信向他致意，并附寄我的近作《夏日村居》七言古诗请他评正。他很快给我回信，并附寄一首步韵和我的五言古诗，叙述他的文学渊源。我又叠韵作了一首五言诗寄去求正。我把这诗抄在一面，聊当我们订交的纪念：

君诗来日边，如降天花雨。
奇辉夺明霞，妙香彻下土。
挥洒凌云笔，写作倾盖语。
平生师友乐，历年遍十母。(用《史记》律书语)
声誉动南北，小哉雷门鼓。
修竹清劲姿，居炎不受暑。
屈指数才人，宇内名山五。(来诗有云，同学数少年，及今几寒暑。曾［履川］吴［稚鹤］贺［孔才］与方［障川］，并我而为五)
昂昂龙与麟，岂屑贡茼纻。
长揖公卿间，谈笑润觞俎。
诗书两秀绝，人知珍片楮。
骚坛白战雄，小巫见缩股，
我拙如痱驼，诊痴适自苦。

谬赏蒙嗜痂，心惭甚遭忤。
一误缘吴公（雨僧），劝捉王家麈。
再误由朱子（佩弦），遂歆长袖舞。
君复宠有加，观技到鼯鼠。
薄酒宁足尝，溅牙但致龃。
笑君偏歠醨，餍额修食谱。
感君勤下问，亦思竭肺腑。
危坐索枯肠，不觉日移午。
琼琚竟先投，木瓜难报汝。
何时能买车，谒君吟啸所。
要趁身舒闲，未碍途修阻。
傥许执鞭随，相期游艺府。

伯鹰的书法清隽秀润，见称于时。他知我欣赏他的字，不等我去请求，写了杜甫“众壑生寒”一首五言诗，裱成条幅，寄来送我。我依杜公原韵作了三首诗寄去表示谢意：

十年闻美誉，尘外想瑶林。
笔带江声壮，人居魏阙深。
文章用才境，清俊谪仙吟。
却借瀼西句，知君琬琰心。

草堂千载后，怀古敢思齐。
梦隔神农世，居惭隐士泥。
断琴泯羽角，安宅守奎蹄。
挂壁霏烟妙，初忘瓮牖低。

清明康莊小集　　蕭公權迹園

世亂猶待攢春好紙印迹莉來懸雞中豈道問
花事碌碌走塵陌匆匆過上已誰能祓不祥伏
禍森佈地無多會流觴久旱清源匯温風散
赤族攢身年切肺花市游人希異是儂儕骨
當春不為歡佳日總塵囂天心似悔春清明接
踵繼花事到酴醾眾芳趁毀棄先埜阻閼
山久矣閼掃祭事見慚不能治生亦匪易抑懷

學道觀百感紛紜意乍喜主人邀花潭補脩
禊天工不懺時也人留朗霽地得茂林幽客有
摩暗玉杞憂暫可釋酒德推宜醉濁世為清
歡緣合非强致仲任說治期妙理今甫會無力
助河清柔化靜相俟明歲有花開應如今春
例隨遇度詩吟酥醒無定計

次韻一涵蘭州元日　　王星拱撫五

杏花帶露柳含烟客裏看春亦黯然禧燕又
歸鴉含暮遠人遙望故鄉天米塩危岌辭
終日書檣海運動隔年自是興亡同有責款
將清濁論山泉

題段公馬廠誓師軍令手蹟　　章士釗孤桐

危機觀空了非訛一怒迴師壯伏波詛畀刑牲
誅董卓情同流彘護共和戎衣乍著聞逃帥
露布初傳見倒戈絕是大人仁信是劇憐逆
事已無多

自注　謂共伯名和

龍華道中與樸如同車　　王蘧常瑗仲

年時薄笨總相依醉晝春光尚未歸募色壓街
塵不起萬花如海一車飛

重至烏衣巷　　成惕軒

星物驚移換城民半是非新巢來燕子舊巷
認烏衣有客萍重聚當年樹十圍黃壚紛
萬感無計學忘機

避地书多散，移蕉叶半摧。
贫添飘泊苦，诗阅乱离来。
残日无声落，寒虫有味哀。
微吟相和答，篱畔久低徊。

他寄来的信和诗，我一一保藏，不时展玩。后来被人借观，全部“遗失”，令我追悔不已。伯鹰在后方某期刊编《饮河集》，选集时人诗篇，亲手用流利的行楷抄录影印。所收的作者有成惕轩、沈秋明、朱佩弦、俞平伯、马一浮、陈寅恪、冒鹤亭、乔大壮、程千帆、叶圣陶、叶遐庵等。伯鹰采及刍荛，我的几首近作也承他选录。从前面两页，可以看见他美妙书法的一斑。

经伯鹰的介绍，我和曾履川（克端，福建闽侯人）也偶一通信唱酬。履川和伯鹰都是桐城吴闿生先生的弟子。福州曾氏是十二传的“诗世家”。民国三十年，履川寄来《简公权三首》：

潘令尝绳子，瑶篇蔚似林。
开轩孤月下，隐几碧云深。
庠序存微学，兵戈杂苦吟。
瀼西师法在，怆恻济时心。

短檐依锦里，时拂角巾齐。
长夏阴阴木，残春滑滑泥。
思方矫云翼，行不藉霜蹄。
无语江天坐，沉吟日向低。

遁隧情逾烈，翻书念每摧。

渐忘残劫换，端为好诗来。
秋雨危楼湿，层城晚吹哀。
无由歌会合，推案起徘徊。

（按，三章首句指他在行都听见空袭警报，奔避防空大隧道的心情。这三首诗收入《颂橘庐诗存》卷十三。卷末《诗本事注》里说我是四川崇庆人，那是误会。）

民国三十一年，履川“为粤西严女士”作《飞无词》三首，又叠韵十五次，连原作一共四十八首。第十三、十四和十五次叠韵（共九首）是集杜甫诗句而成的。他用瘦金体楷书写集杜的九首寄给我，堪称双绝。我交匠精裱为横幅，至今还珍藏着。下面选录履川自作的三首，以概其余：

盈盈愁一水，迹阻思犹飞。
未信相知浅，终嗟所徇微。
江枯波自活，月小晕偏肥。
无语残阳下，繁星万点晖。（叠韵十二）

意乱艰投笑，愁深怯举杯。
但期身化石，何论骨成灰。
旷劫谁真赏，弥天此独才。
灵鹣窥梦苦，燕雀忍惊猜。（叠韵十一）

吾友潘花县，痴魂待汝苏。
瑶光摩自眩，翠羽拾犹呼。
一诺蛾眉靳，三年凤篳孤。
蓝桥仙路近，可许乞浆无。（叠韵八）

当我还不曾看见履川的《飞无词》以前，伯鹰把他所作次韵的三首诗寄给我看。我误会这是“夫子自道”，学作了三首去调侃他：

碧城归去后，意絮懒犹飞。
梦枕融千迹，晨窗灭九微。
云摇秋水乱，霜蚀渚莲肥。
特地凭阑久，将愁送落晖。

倦倚当风槛，轻斟照鬓杯。
薄愁霜叶堕，小劫篆香灰。
因梦翻成觉，忘情恐碍才。
凌波人海步，登岸复谁猜。

旧作乘槎客，尘寰视块苏。
应身千劫换，招手众仙呼。
瀛海蛟珠冷，缑山凤唠孤。
人间且游戏，莫问断肠无。

后来我看见履川的诗，才知道我犯了“张冠李戴”的错误。正想写信给伯鹰，他已来信，抄寄履川的诗，并说：“碧城懒絮，梦枕晨窗之语，宜有所归，人海沉冤，庶几可昭雪矣。”我再步韵三首寄去。第二首是这样写的：

仙游成小别，罢饮落霞杯。
天雨花谁著，神山木不灰。

飞琼教改句，青简岂遗才。
揽袂浮邱伯，何劳曼倩猜。

其实伯鹰自己满有作《飞无词》的资格，不过另有其人罢了。履川民国二十九年在重庆所作一首《调伯鹰八叠韵》诗透露了消息：

斜阳映山月影寺，华灯偎坐谈文字。
梨涡微晕眼波横，有客窥帷浪惊异。
老凤将雏睆飞岷，扰扰一室声訚訚。
娇莺自逗饥鹰逐，狂象宁教狮子驯。
多生情劫忘年载，玉珰缄络情丝在。
神光离合乍阴阳，密誓何心指山海。
万谤千讥总为卿，流尘枨触客心惊。
芭蕉雨滴秋窗怨，独夜孤哀不可名。

次年秋天，伯鹰来信说："心绪极乱，久不作诗。"又说："人能弘道，无奈命何。今日处境，略与吴雨老十年前相似。"他以《赢得》为题的一首诗，深哀沉痛，令人不忍卒读：

情海为田又几荒，心魂惊定但茫茫。
身如涛底沙中粒，卷到人间陌上桑。
寸寸凄凉惟自验，迟迟晷刻耐渠长。
可怜滴尽疲鹃血，赢得诗篇渐老苍。

雨僧在《空轩诗话》里说："牺牲许多时间金钱，精神物质，结果仅积得一丝情感，一点经验，写以妙文丽词，纵能惬心合律，亦不过寥寥三五句，区区数十字而已。”但他又说：“惟其耗费至极，乃诗之所以最可珍贵。”照这样说，伯鹰“滴尽鹃血”而赢得“诗篇老苍”，可见大有收获，并非全盘尽输了。

在结束本节以前，我想简单说明我为何学诗和我关于学诗的一点感想。几十年中，侥幸得着良师益友的提携，我居然附庸风雅，西抹东涂，但始终不会想做诗人，更不敢以诗人自命。在这里说一些外行话，贻笑大方之家，想必还不至有损诗学的光焰和尊严。

我学作诗，完全是由于喜爱这“劳什子”，此外并没有任何原因或动机。童年时代已经爱读唐宋人的诗，年纪稍大之后，自己竟想学作诗。偶然有得，不管好坏，勉强算是“吟咏情性”。

朱熹说“作诗费工夫”，“果不益”（《语类》一四〇）。他劝人“千万戒诗止酒，以时自爱”（《续集·与赵昌甫》）。朱夫子的话，不是无因。然而他专尊理性，忽视情感，他的主张，失之一偏。我既不打算做“理学家”，便不觉得有遵守“戒诗”教条的必要。朱夫子把诗看得太无价值，许多“先儒”又把诗看得过于重要。抱着“文以载道”的信念，他们把吟咏情性的媒介，当作维持伦理风化的工具。这种高峻严肃的主张，我也不敢接受。我作诗是因为喜欢诗，我学作诗是想培养能力去作比较像样的诗，但我绝不想做诗人。这不是因为我瞧不起诗人（其实我十分尊重、十分仰慕诗人），而是因为我短少做诗人的天赋。

作诗不是毫无益处。人是理性的动物，也是感情的动物。心有所感，最好用合理的方式发泄出来。闷在肚里，不是办法。感到悲哀，可以怆然涕下，也可以号啕大哭。感到喜乐，可以莞尔微笑，也可以哈哈大笑。除了这种纯任自然的发泄方式以外，真情实感也可以采用艺术的方式来表现。图书、音乐、诗词是三种主要的方式。我觉得我很幸运，能够有持久的学诗兴致。

我既不想做诗人，不想自成一家，我学诗便不分宗派，不守门户，顺意所喜，随兴所到，因遇所宜，放心去学，放手去做。同时诗既是一种艺术方式的情感表达，我便用心去体认古今作家的身世和学问，去了解他们诗中的境界和写作的技巧。我不想有意去模仿他们的作品。我认为学诗与习字不同。习字必须从临摹下手，直接模仿却不是学诗的最好方法。我们不妨多取（愈多愈好）古今风格不同的名作，熟读、细玩、深研。涵泳既久，这些作品的风格韵味于不知不觉之间，深入胸中，潜存于“下意识”里。到了自己下笔的时候，随着感触所到，题旨所需，一种恰当适合的风格韵味，也脱手而出。写成的诗，可能有点像“唐”，也可能有些像“宋”；可能有点像少陵，像玉溪，像六一，像山谷，像梅村，像渔洋，甚至一无所像。这样的诗，无论好坏，总算是自己的。我不敢附和尊唐卑宋或扬宋抑唐的论调。学诗的人不在一千多年的诗苑菁华当中去广采博收，偏要困守狭隘的宗风，真是何苦来。

雨僧说好诗必须具充实的“内质”和美妙的“外形”，这是不错的。但我不同意他一经写成，诗不可改的主张。我认为，天才妙手可能“初写黄庭，恰到好处”。普通的人没有本事（或运道），初稿当中如果有若干字句不能够有效地或妥帖地表达下笔时的感想，作者尽可，也应当，斟酌修改。修改字句不是改变“内质”，而是使这些字句更能够表达感想。我们不必学杜甫“诗不惊人死不休”的作风，但我们可以学他“新诗改罢自长吟”的办法。为求情感畅达，诗要放手写出。为求“外形”妥惬，诗要小心炼过。

我学作“旧”诗，不学作“新”诗。原因很简单：我喜欢旧诗，不喜欢新诗。我并不鄙视新诗，也不反对别人作新诗。同时希望作新诗的朋友不反对作旧诗。文艺的园地广大无垠，作者各从所好，各尽所能，各自耕耘，各自收获，不须舍己从人，更不可强人就己。

我反对两种“诗”：陈言滥套的旧诗，粗制滥造的新诗。两者都不能算是真诗，都是“死文学”。从前“斗方名士”的七言八句应酬诗当然看不得。近来陈西滢先生曾说，“新诗如雨后秋蛙”，这种聒耳刺目的东西我也不能欣赏。

好诗，无论新旧，都值得欣赏，不过我始终偏爱旧诗。好诗，无论新旧，可能人人爱读，但不一定人人要作。我既无文才，又少修养，本来没有作诗的资格。只因内心爱好，又能困而学之，加上师友的提携，居然也学作起来。虽然成绩欠佳，师友或者会说，“其志可嘉”。

《传记文学》十四卷第一期里刊载荷兰汉学家高罗佩（Robert Hans Gulik）十几年前所作送徐文镜的一首诗：

漫逐浮云到此乡，故人邂逅得传觞。
巴渝旧事君应忆，潭水深情我未忘。
宦绩敢云希陆贾，游踪聊喜继玄奘。
匆匆聚首匆匆别，更泛沧浪万里长。

西洋人能够作这样典雅工整、出色当行的旧诗，我这个土生土长的中国人，更不妨大着胆尝试一下了。

一六、是亦为政（二）·谈教育

二十几岁的时候，我立志不做“官”，专求“学”。这个志愿我始终不曾放弃。抗战期间，“从政”的机会一度来临。但从长考虑之后，我决定保持我二十年来的志愿。

民国二十八年一月三十日，国民党第五届中央委员全体大会决议设置国防最高委员会，以便应付非常时期的许多重大问题。（这个机构到三十五年才决议撤销。）张岳军先生决定延揽若干学者以充实委员会的人事。清华大学政治系教授浦逖生和王化成两兄应邀就任参事。我也在被邀之列，由吴国桢写信给我，转达张先生的盛意。我回信请他代我婉谢之后，国桢又来信说，张先生想和我见面谈谈，纵然我决意不就。我应约到重庆之后，蒋廷黻兄留我在他的官邸下榻。（他那时已与原配夫人唐玉瑞女士失和，单身住在官邸。）除了畅话教育学术工作现状以外，他把行都许多“政情”讲给我听。他对我谨守“教育岗位”的志愿表示同情了解。张先生约我在他的官邸中餐，长谈了两小时。他虚怀下问，态度恳切而殷勤，令我十分钦佩感激。回到成都之后我写了一封长信，托国桢再度替我陈情。生平唯一从政的机会于是放过了。

三十二年（一九四三）冬天，我应邀到重庆出席宪政实施协进会，得与陈布雷先生见面。他问我是否愿意加入国民党，如果有意，他极愿请适当的人介绍。我回答说，北伐完成以来，许多教育界同人和我自己认定国民党是中国前途的唯一希望。因此我们于撰写时论，以非党员的身份，向政府做建设性的提议或善意的批评。这些间接拥护政府的文字虽然未必发生任何实际影响，似乎尚为一部分人所注意。假如我以“党员”的身份来发表同样的议论，读者未必会加以同等的重视。布雷先生听了我这番话，点头说，“很有道理”。于是我放过了“入党”的一个好机会。

我虽不从政，不“入党”，但对于国家的前途并非漠不关心。从二十一年任教清华大学起，教课的经验和教材的收集都颇有增进，不必像从前一样，要把全部的心思放在教学上面，而可以有时间去对当前的政治和社会问题加以考虑。同时胡適之、蒋廷黻和几位平津各大学的教授组织“独立评论社”发行《独立评论》周刊（第一期于二十一年五月二十二日出版）。抗战爆发后，胡先生等又组织“独立时论社”，把特约的文稿发交后方各地报纸定期刊登。我也应邀撰写，追随他们之后，小尽“书生报国”的责任。除了偶用笔名“君衡”或别号“迹园”外，这些时论都用我的本名发表。

我“立言”的宗旨是很简单的：把平日学思所得有关国家社会进步的意见提出供政府和国人的参考。所见未必有是，但所知无不尽言。现在我把民国二十二（一九三三）年和一九四九年之间所发表的意见，就手边残存的一点资料，略加追述。明知事过境迁，当时所说的话到了今天已经没有多少意义。但这是我“问学”生活中的一方面，不妨在这里报告一下。

我既在大学服务了六七年，对于高等教育当然有我的主张。二十二年七月九日和十六日《独立评论》第五十九号所载《如何整顿大学教育》是我所作“时论”当中最早的一篇。国民政府定都南京以后，教育当局致力于高等教育的整顿。更改学制、取缔不合格的“大学”、注重理工学科、限制文法学生名额等项，是当时较重要的措施。我觉得偏重“实科”的政策未必是促进教育发展最有效的办法。我相信“粗浅的实用主义”是中国教育停滞的一个主因。教育家和学生往往不能认清大学教育的真正功用在培养青年人的求知欲，在坚定他们为学问而问学的志趣，换言之，在使他们对致知穷理的工作抱着古人所谓“敬业”的诚挚态度，不把毕业文凭看成敲门砖或踏脚石。急功好利的心理流行于“最高学府”之中，许多青年人企求速成，不肯埋头读书。他们既没有实在的学识，便不易成为真正的有用人才。凭着“科学救国”的口号，限制文法名额的政策，而不积极地鼓励笃实的好学风气，我们的高等教育不但难于产生优秀的哲学家、政治学家、经济学家和其他现代国家应有的人才，甚至也未必能够产生卓越的科学家。

我对于一个似是而非的时髦口号，“读书不忘救国”，加以检讨。我说：“假如一个学生在读书的时候，一字一句之间，念念不忘救国，我相信他虽然手不释卷，却是心不在焉，不知所云。”这样一来，书既读不好，国更救不成。

我们无论做任何工作，应当对这工作的本身有真实的兴趣，把全副精神放在这工作的上面。这可以说是“敬事”“敬业”，也可以说是“为工作而工作”。我们不应当把工作当作本身并无价值，而只是达到工作以外某项目标（无论这目标是如何重大）的手段。

注意外在目标、缺乏工作诚意的“实用主义”容易发生一个不良的影响：

> 浅见的人因为想急于达到目的，于是取巧侥幸，甚至企图不耕而获。我们如果把中国人与西洋人加以比较便可看出这种浅薄实用主义的弱点。我们不妨以商人为例。中国商人以赚钱为目的，以经商为手段。二者是截然两事，所以他们对于商业本身并不真感兴趣。（中略）他们的理想是发一笔财，退休养老，做“封翁”，享“清福”。美国的商人往往发了百万千万的财，到了六七十岁应当退休的时候，仍然继续不断地工作。他们诚然是想

致富而经商，但他们对于商业的本身也有兴趣。换句话说，经商是手段，同时也是目的。到了发财以后，他们继续工作，显然不是为了赚钱而是为工作而工作。中国商务落后，原因不一。商人的从业态度，可能是其中之一。我以为缺乏为工作而工作的“敬业”精神，是中国“国力”不充实的一个主因。有了这种精神，国力才会增长。如果国人能够忠实地为做官而做官，为当兵而当兵，为读书而读书，为游戏而游戏（可怜的中国人，往往连游戏也有另外的目的）——如果多数人有这样的工作态度，全国的事务必然好办多了。我们想培养这种态度，最好从所谓知识阶级做起。号称最高学府里的师生应该有为读书而读书的态度。有了这种态度，学术才能迈进。

学术上日新月异的贡献，不但个人受用，同时国家社会也有收获。反过来看，工作兴趣的缺乏不但使社会受损失，个人也会感到苦闷。三十二年一月，我在为“光华大学四年级同学会壁报”所写以“工作的快乐”为题的“社论”里曾这样说：

从前荀子曾说：“事业所恶也，功利所好也。”这两句话把一般人厌恶工作的心理表示得明白无遗。“工作乏味得很！”“生活枯燥得很！”这是一般青年、中年或者老年人口中常发的感叹，至少是他们心里常起的感想。工作既然乏味，他们在工作的时候必不能够鼓舞精神，全力以赴。无形之中，工作便受了不良的影响。在工作可以停止的时候他们自然弃之如敝屣，悠然而逝，别寻快乐。于是电影院、大舞台、跳舞场平添了无数的主顾。（中略）或者叉麻雀、推牌九、打扑克，夜以继日，精神百倍。纵然磨到头昏眼花，腰酸背痛的地步也毫无怨言。等到必须工作的时

> 候已是精神颓丧，意兴索然。为了“饭碗”关系，只得勉强敷衍过去。呵欠之余，再来一声“生活苦闷”！

“苦闷”根源于错误的工作态度。只要我们改正我们的态度，我们便能够从工作中得到快乐。读书做事，劳心费力。打牌跳舞，又何尝不劳心费力。我们如果把读书做事看成有趣而可喜的活动，“工作”便可变成“娱乐”。

从二十二年起，十几年间，在内忧外患交侵之下，高等教育不但未曾长足迈进，似乎还有后退的趋势，矛盾的现象不一而足。例如投考大学的学生极为踊跃，但考进大学之后并不一定专心求学。文凭到手而未必应该毕业的青年人随处可以遇见。国家和社会感到人才缺乏，而许多大学毕业生又往往感到就业不易，“毕业就是失业”的慨叹，时常可以听见。教育当局致力于“整饬学风”，但不受教导的学生、不合资格的教员，仍旧混迹于学校里面。政府“党化教育”，统一思想，但学生的思想杂乱，甚至没有思想。造成这些现象的原因深远而复杂，不是短期之内可以消除的。要想教育走上正轨，我们必须耐心努力，培养“敬业”“好学”的风气。我们必须设法让教育在适宜条件之下，自力生长。这是根本的办法。外力的遏制，消极的督责是无济于事的。因此我认为当时政府的许多措施，如督学视察、课本部定、文凭部发、中学毕业会考、教授资格审定等，都偏于治标，毕竟不是促进教育发展的根本措施。

三十六年十二月二十五日施行的《中华民国宪法》第一条规定“人民有言论、讲学、著作及出版之自由”。第百六十二条规定“全国公私立之教育文化机关，依法律受国家之监督”。我遵照宪法的精神，针对教育的需要，在同年三月上海《观察》杂志第二卷第二期所载《论教育政策》一文中提出如下的意见：

教育文化是一种前进的努力。愈是自由，愈能发展。在正常情形之下，一个国家的社会和政治生活可以从文教发展当中获得方针与进步。为了防止教育误入歧途，为了协助文化工作的推进起见，政府诚然应当酌量监督，然而不适当的干涉会使文教的生机枯萎。(中略)“讲学自由”只能在学校师生自动自择条件之下存在。因此政府对于文教机关的监督应当避免干涉课程的内容，教员的思想，以及师生的一切学术活动。国家把教育的责任交给学校，交给教师，而向他们责取应有的成绩，这才是合理的监督。

换句话说，“发展教育最妥的方法是把地方自治的原则应用于教育文化机关”。

这不是说政府要采取放任政策。

学校里的师生都是国家的人民，和其他人民一样受法律的保护与制裁，并不享受法外的特权。他们如果有犯法的言行，只要他们有法律上的“行为能力”，司法机关应当加以法律的制裁。这是司法机关职权范围内的事，不是教育范围内的事。以往政府似乎不曾认清这个界限，有时越出法律范围之外，直接或间接干涉学校师生的生活。到了学生有违法行为（尤其是群众违法行为）的时候，却又不能让司法机关执法以绳。用这种办法不但不能发展国民道德和自治精神，反养成一些青年人蔑视法纪的习惯。（社会人士称强横的军人为“丘八”，放恣的学生为“丘九”，不为无因。）

培养优良的品德是教育功用之一。这也不是政府管制所能达成的。

> 古代哲人和近世教育家多认为培养道德的有效方法不是纸上的命令或口头的训戒，而是以身作则，潜移默化。如果师长，父兄，乃至政府和社会人士的榜样太坏了，当局者纵然三令五申，勉励青年向善，他们还是难于听从。

我全篇的结束是这样的：

> 教育当局必须用教育的精神和方法去推行教育政策。部长厅长们应当有教育家的风范（略如黄梨洲所谓诗书宽大之气）和尊重学术的诚心，以为全国或全省师生的表率。师道果能尊严，学术果能见重，多数的师生自然潜心向学。潜心学术的人不会违法背德。少数违法的师生受司法的裁制。少数失德的师生为清议所不齿。他们都不能有败坏风气的影响。政府何必干涉讲学的内容和学校的生活呢？

我的意见与许多人“学术独立”的主张相接近。但我比较注重从事学术工作者本人的态度而不注重学术工作的外在条件。我在三十四年七月二十九日成都《华西日报》所载《学术独立的真谛》和三十七年一月二十六日南京《大学周刊》所载《学术独立的一个途径》两篇文字中对这问题做简单的讨论。在前一篇里我重申“为学问而问学”的主张，建议求学的人“在求学的阶段中放弃功利主义的人生观而采取崇奉真理的人生观”。因为经验昭示我们，在求学的时候，一个人能够立志为真理而生活，学成之后才能够得着以真理为人生服务的功效。为了使教育发生其应有的功用，我们必须认定学术本身即是目标而不是达成另外任何目标的工具。

学术独立不是学术与社会隔离，与生活脱节。“独立”的意思是：治学者或求学者在治学求学的时候，专心致志去治学求学，而不“胸怀异志”，别有企图。青年学子尤其不要急于求用，去谈社会问题或做政治活动，因而耽误学业。古语说“十年树木”。采用尚未长成的树木是牺牲未来的栋梁之材。让教育未成的青年人去参加政治运动，政治未必受益，学术却先受损。

教育功用之一是完成国民的心理发展。因此尚在求学的青年只可做将来问政的准备，而不应该径行问政。心理未成年者的早“仕”与生理未成年者的早婚都是有害的。

成熟的学者当然可以（或者应该）问政。但学术、政治间的界限必须划清。他们同时具有两种身份，他们是国家的公民，也是学校的教师。凭着公民身份，他们可以论政，可以入党。但这些行动既不是教师分内的职务，他们不应当假借教师的身份去便利这些行动。如果他们觉得公民的职务更为迫切或更有趣味，他们尽可放弃教师的身份，离开学校，献身政府。从政之后，如果“倦勤”，他们也可以脱离政治，回到学校。学优则仕，仕优则学，都是正当的行径。然而借教师的身份玩政治，想在学府、政府中做两栖动物，却是不妥当的行径。倘使一个人把学校用为政治活动的地盘，把学生当作政治资本，把学术变成政治企图的幌子，这样他就有意或无意地毁坏了学术的独立。

三十四年五月中旬国民党六全大会通过促进宪政各种必要措施案。提案第三项中有各级学校之内不设党部，三民主义青年团改隶于政府的表示。我认为这是一种政教分途的明智决策。我对其他政党做如下的劝告：

> 我们应当奋发淬励，以求实现学术独立的民主教育。我们应当要求一切政党不要在国民党退出学校以后企图在学校中推动政争。

三十七年冬天胡適先生建议当局，在国家财力薄弱的时候，酌量选择较有成绩的少数大学，拨给经费，充实设备，以便改善物质环境，扶助学术独立的奠基。我赞成胡先生的主张，同时在《学术独立的一个途径》里，提出一点补充意见。我指出一项事实：“学术的发展除了有赖于研究设备之外，更有赖于精勤优秀的研究人员。人的条件实在比物的条件更加重要，更为基本。”卓越的科学家、哲学家、政治学家，凭着个人好学不倦的精神能够在困难的环境当中完成划时代的惊人贡献。欧洲的经验可做证明。

欧洲学术（尤其是自然科学）以近来的进步最为迅速惊人。但近代学术的根基早已奠定于近代初期纷扰动荡的两百来年当中。开宗风，划时代的学者如哥白尼［Copernicus（1473—1543）］，卜汝诺［Bruno（1548—1600）］，贝根［Bacon（1561—1626）］，贾利略［Galileo（1564—1642）］，凯卜勒［Kepler（1571—1630）］，谷乐秀士［Grotius（1583—1645）］，狄卡尔［Descartes（1596—1650）］等都在乱世中完成学术的贡献。他们不但不曾得到社会和政府的支持或赞助，甚至有时还遭受无情的压迫或摧残。卜汝诺就因被判定“邪说”之罪而惨罹火刑。假如这些学者的处境比当日良好一点，他们的造诣也许会更加优越。但无论如何，他们不曾因为环境不良而停顿了他们工作的推进。

我们看见近代欧美学者享用的研究设备，自然不胜羡慕。

但我们不要忘了一个事实。近代欧美的研究设备既不是一朝所成，更不是外求而致。这是若干年月，若干学者分程并进，层叠积聚的结果。图书馆里的书籍，试验室里的仪器不是仅凭金钱购买，而根本上是研究进行和研究结果的产物。研究工作愈努力，研究设备愈充实。（中略）我们中国人不要徒然歆羡欧美学者的研究设备。“临川羡鱼，不如退而结网。”我们要从研究工作当中去改善研究的环境。我们不但要避免漫无计划的出国留学，我们也应当避免长久依赖西洋人的学术设备。我们要逐渐创立我们的工作设备，研究方法和学术贡献。我们不要怀疑在设备贫乏条件之下有做研究工作的可能。试问居里夫人发现镭质所用的试验室里有多少设备？赖特兄弟们发明飞机所用的仪器有多大规模？

在设备贫乏的大学里做研究工作，进步必然十分迟缓。工作者未必都能有重大的收获，未必人人都是贾利略或狄卡尔。但他们至少可以为后来者尽一点培本奠基的义务。

战后中国面临着千头万绪、难于解决的善后问题。同时武力攫夺政权的威胁一天比一天严重。加以大学中学里面学风颓弊，学潮起伏。我在这样的局势之中讲学术独立，谈学术研究，当时虽然觉得理直气壮，振振有词，事后看来真有痴人说梦之感。

当时的学风我也曾加以检讨。三十六年六月一日成都《新新新闻》所刊以“和平丰裕的途径”为题的一篇“星期论文”里我曾这样说：

全国的人在八年抗战，饱经困苦危难贫乏生活之后，切盼从胜利当中得到和平丰裕的幸福。不意日本投降，时逾两载，人民不但得不着和平丰裕，反而深受战争贫困的威胁。（中略）近来起伏各地的学潮虽然口号动机并不一致，促成的主要条件无疑是许多青年人不满现状，忧虑前途的心境。（中略）罢课、互殴、捣毁、“吃光”等一类的行动，不仅荒废学业，破坏秩序，实在有损知识青年的风度。照这种方式去求和平丰裕是难于收效的。

对这些越轨犯法的青年我进一个简单的忠告："以和平的精神求和平，以建设的能力致丰裕。"内战是极不幸的事，我们应该反对内战。但武力暴行，徒然增加仇恨不祥之气，内战不会因而停止。贫困应当从速解除，但破坏的行动只能增加贫困。青年人想致国家于安乐丰裕的境地，应当立定志愿，做未来建设工作的主持人。

> 现代国家的建设需要现代知识，需要具有这种知识的人才。但凭热忱与理想是不济事的。中国的建设人才直到现在还十分缺乏。这是我们国家贫困的一个重大原因。（中略）我们以往教育的失败，不在没有养成青年人的爱国心理而在没有尽量养成青年人的建设能力和建设志趣。这是以往的错误。许多中年人是这个错误的牺牲者，甚至是这个错误的负责人。我们必须矫正错误，向着培养建设人才的教育迈进。

当时学风颓弊，大可忧虑。我曾屡向青年学子提出口头或书面劝告。由独立时论社发交各地报纸于同年九月十四日刊出的《大学生的抱负》一文便是书面劝告的一例。我指出两种不良的学风："腐化"与"恶化"。腐化的青年人沉湎于"社交""娱乐"。恶化的青年人投身于妨碍学业、影响治安的活动。我劝这种青年人不可因为不满意于现状而让颓废生活或破坏行为剥夺他们一纵即逝的求学机会。

> 有些青年人也许这样想：现状已经坏透了。（如果）我们的力量不足以打破现状，我们不如就现状中求受用。如果我们的力量足以打破现状，我们先行革命再谈其他一切。

我指出这两种想法的错误：

在现状之下偷生固然自误误人，消极破坏而不积极建设也有损无益。青年人要注意，今日你们看着不顺眼的“革命”对象，其中有一些在从前也曾从事于“革命”。今日中年以上的“落伍”分子，在他们青年的时候，对于个人“出路”的打算不见得比你们更欠精，有关爱国忧时的呼声不见得比你们喊得更欠响。二三十年前大学青年的知识水准或个人能力比较今日的大学生，不见得更低更小。然而因为他们当中的多数，抱负不够宏远，意志不够坚定，学问不够踏实，所以不能有可观的建白。今日的青年人如果没有胜过前人的抱负和学问，纵然把前人驱除了，取其位而代之，恐怕还要蹈他们的覆辙。

我表示一个愿望：

中年以上的人算是落伍了。青年人更要力争上游，准备用自己学问造诣来领导国家的进步。社会如果失掉了领导青年人的力量，青年人就要准备担负倒挽狂澜的大业。

腐化恶化的分子是少数，多数的学生大体上安分守己。可惜“安分”的青年人不一定有远大的志趣，对于学问也未必都有真挚的爱好。他们纵然心里不赞许腐恶的行为，却没有明白反对的表示。同学开会商讨事务，他们多避不出席，即使出席也不能本着自己的信念，提出坚决的主张。因此学生会时常被少数“活动分子”任意操纵。这种“缄默的多数”（silent majority）无补于颓弊的学风。

我也知道，在当时的情况之下，我的劝告不会发生效力。但“心所谓危，不敢不告”，姑且说出，聊尽我心罢了。

一七、是亦为政（二）·谈宪政民主

在民国二十一年到三十七年当中，我发表过若干讨论政治的文字。为数不多，但涉及的范围颇广。“立言”的宗旨在促进中国政治的现代化。我认定肇造民国孙中山先生的“民权主义”是政治现代化的最高原则，政府近年关于宪政的宣示是实行民权主义的正当途径。军阀余毒是民主宪政的魔障，我们必须极力扫除、反对。一切不利于现代国家建设的错误观点和不良风习，无论其存在于政府或社会里面，我们要从速一一纠正。我这些文字不包含任何高深新奇的学理，但自问尚能针对现实，直言无隐。

我既充当大学政治系教授，讨论政治问题是我的本分。就我记忆所及和照我手边残存的稿件看，宪政是我谈论时事的主题，尤其在三十二年十一月十二日宪政实施协进会成立以后。（三十六年初成立的宪政实施促进会是另一组织。）协进会决定约请适当人士分区考察四川各地“基层民意机构”组织和运用的情形。川西区由成都耆绅黄肃方先生和我两人负责考察。这项工作给予我实地观察地方政治的机会，增加我讨论宪政问题的兴趣。

我对宪政一般性的讨论可以三十二年刊载于“《中央日报》、《扫荡报》合刊”以“和平奠基之年”为题的一篇时论为例。我认为一九四二年秋冬盟军在地中海和太平洋战区所发动的有力攻势，使民主国集团的最后胜利有了完全把握。我们应当从速研讨重建世界和平的方案。人类和平的维持固有待于合理平情的国际组织。这是我们必须研究的一个课题。同时我们不可忽略一个历史的教训：独裁或专制政府统治的国家多迷信武力，实行民主政治的国家却倾向于和平。因此我们要协助民主政治的推进。我们中国人当然要准备参加这项工作。我们要“循三民五权之遗教以施行全民参政之制度”，追步英美等民主先进之国，成为“世界上民主重镇之一”。

民主政治不但有利于国际和平的维持，“政由民出”的制度更有助于国内康乐生活的实现。这种制度诚然不是完善无疵。除了哲学家理想中的“乌托邦”或“郅治之世”以外，古今中外只有彼善于此的政府而没有绝对优良的政府。历史的经验证明一个事实：君主专制和各型各式的独裁政体都弊多利少。“全民参政”的办法无疑地远较专制或独裁为妥当安全。我们不可因为“民主”有缺点而加以菲薄。我们也不可对“民主”求全责备而延误其实现。

根据这个认识，我提出一个主张：我们对于中国正待施行的宪政必须求实而不可求全。我不赞成当时若干人士訾议《中华民国宪法草案》为“未臻完善”，有待大加修改的主张。我在三十五年所写《制宪与行宪》一文里说：

> 企求完美本是人性中的一个优点。道德、社会、物质生活所以能够继长增高，日新月异，多有赖于这种追求满意的上进思想。然而经验告诉我们，至美尽善的理想可能是领导行动的标准而不是任何时间和任何地方所能达到的境界。我们可以由努力上进而接近理想，我们不可因理想境界未能实现而放弃既得的成就，终止前进的努力。

我解释何以人类有高妙的理想而没有完善的政治制度。少数聪明卓越的人能够见常人所未见，他们的计划自然不会为多数平庸人所了解接受而付之实行。有效用的制度大都是适应实际需要或针对事实妥协的产物，因此不能与理想的方案完全符合。“人心之不同如其面”，任何高妙的理想不能得到每个人的赞同。在反对者的眼中“高妙的理想”无异拙劣的诡计。在党派并立的国里，政治上的协同尤为难得。各党各派的立场观点互相歧异，甲党所是，往往为乙党所非。建立一个人人满意的制度是“超越人力的工作”。

完美的制度既不可得，我们惟有通力合作，建立一个适合当前需要的制度。

这样一个制度只能成于多方面的善意妥协。妥协不一定是坏事。为获取有用的结果而妥协，为避免决裂而妥协，可以说是民主政治不可少的一个运用原则。（中略）如果毋意、毋必、毋固、毋我是儒家圣人的美德，愿意服从自己所不满意的决议，接受自己所不乐意的主张便是民主政治家的雅量。

我们不必顾虑由妥协而制定的宪法不能精美。我们要知道不妥协便根本不能够制定宪法。有精美的宪法当然比有不精美的宪法好些。有不精美的宪法又比根本没有宪法好些。没有宪法，一个国家连民主政治起码的条件都缺乏了。在没有宪法的国里高谈完善的宪法，其可笑有点像对没有饭吃的人说：“何不食肉糜？”

我们也要承认，不满意的宪法未必就是恶劣的，不精美的制度未必就是不能行的。

只要我们有实行宪政的诚意，以谅解的态度对人，以守法的精神律己，条文纵不尽善，民治也能成功。反过来说，假使多数的国人于守法则责难他人，于立论则自尊惟我，不要说制宪难有结果，即便制成了良好的宪法也会成为废纸。中华民国的制宪史中已经有了好些废纸。我们千万不可再制废纸了。

三十五年十二月二十五日国民大会通过《中华民国宪法》，议决三十六年十二月二十五日为施行日期，同时规定宪法实施程序。我在《行宪的准备》一文中提出四项建议：选举法规的制定必须审慎，选举的办理必须纯洁，民选立法和监察委员的素质必须提高，国人必须用心学习民主宪政的运用。我吁请他们避免眼高手低（嫌宪法条文不完善但自身缺乏民主风度）和心灰意懒（对宪政不感兴趣）的错误态度。我劝他们不要在行宪之初较量条文的美恶，而要用积极的行动使宪政成为事实。我说：

> 宪法诚然包含若干缺点，但是如果我们能够把这一百七十五条的规定，不折不扣，实行起来，我们中华民国便可以预于世界上民主国家之林而无愧色。

我不相信必须有完美的宪法才能有民主政治，但我相信必须有普遍的守法习惯宪政方能实行。“民主之精义在以民决政。宪政之精义在以法治国。”这是我在三十二年发表的《宪政专论》里对民主宪政所加的简单解释。民元以来论政的人多注意于“以民决政”的制度和方式而不甚注意于“以法治国”的重要性。这是一个错误。宪法颁行了，“总统制”或“内阁制”的政体规定了，但全国上下的人缺乏守法的习惯，换句话说，缺乏一个实行宪政的必要条件。结果“宪法”成为具文，“民主”也等于梦想。这个错误必须立即矫正。我在上面所说的一篇文字里提出一个结论：中国四万万五千万人当中很少具有行使“四权”的能力。在这种情形之下，我们最好先着手于行宪基本条件的取得而不必急于推进“全民政治”。

“异党”人士不满于三十五年国民大会通过的宪法，这是意中之事。其余政党的党员都是“爱国的民主人士”。他们的愿望与国民党并无根本上的歧异：中国民主宪政的实现。假定我的分析不误，他们最好与“执政党”通力合作，以便达成彼此的共同愿望。既然如此，他们最好引国民党人为他们的盟友而不当作政敌，以言行去打击后者有关推行宪政的措施。这样的言行可能会有延缓宪政实现的不良作用。即使政府提出的方案，拟定的宪法有不惬意的地方，为了促成宪政，他们无妨大度包容，暂不计较，等到宪政根基稳固以后，再图变更国策或修改大法，并不为迟。

根据这个认识，我不赞同“异党”人士在宪政实行以前修改宪法的要求。我相信在当前局势之下，接受国大通过的宪法是最切实际的办法。制定这套宪法的工作，国民党员居于领导地位，虽然各党派和无党派人士曾经参加。若干条文（尤其第一条）明白地或间接地表示出国民党的立场或政纲，我们可以说接受宪法等于无形中承认国民党的领导地位。但这是承认一个当前的和历史上无可否定的事实，无所用其反对。（我前此发表的几篇时论，如《怎样研究宪草》《宪政的心理建设》《宪政实施后的中央政制》等，大体上是就这个观点所写的。）

三十三年考察川西区地方民意机构的工作让我对于行宪的准备过程得着一点亲身体会。黄肃方先生是成都的有名耆绅，我同他商量有关考察的种种事项之后，他很客气而诚恳地说：“萧先生，你是政治学专家，考察工作，只好偏劳你了。”协进会拨给我们一笔为数不大的考察经费，以支付考察员和书记的旅费，以及购置纸张文具等的费用。我商承黄先生之后，约请国立四川大学若干年前毕业生雷君放任书记。六月中旬各校课务结束之后，我同着君放进行考察。完毕之后，由君放协助，作成一篇详细报告，送请黄先生过目签名，寄交协进会。本年考察工作于是结束。（第二年出行考察时，君放另有高就，推荐四川大学另一毕业生杨履中继任。）

在各县各乡考察的时候，我们看见不少令人难于满意的现象。这都在我们预料之中。例如成都参议员选举进行的时候，投票的“选民”当中有许多是妇女和十几岁未成年的童子。有一些投票人手拿十几张，甚至几十张选票，塞进票匦。最离奇的是，开票时发现某区所投选票的总数竟超过该区登记选民的总数。“首善”之地尚且如此，偏僻外县的情形可推想而知。又如按法律规定，县、市参议员选举以前选民要预先登记。就各县、市政府的统计看，登记的人极不踊跃。成都市于三十四年十月七日举行第一届市参议员选举。全市人口总数是七二八四四四，其中二十岁以上有选举权的公民总数是四二二四二七。登记的选民总数是一七五〇九一，约占公民总数百分之四十。届期投票的人数一〇八二四四，约占登记选民人数百分之六十，公民人数百分之二十五。（换言之，一百个公民当中，七十五人放弃了他们的选举权。）成都如此，外县可知。市参议会尚且如此，县以下民意机构——乡、镇、保民大会——的情形更是“每下愈况”了。

一切情形，我们据实详报。但在报告中我提出一点意见。我认为我们对于目前种种不健全的现象，不必苛责。这是行宪前夕推动地方自治的初步尝试中，也是成千成万没有民主政治经验的人民初次运用选举权。值得我们注目的不是这些不健全的现象而是地方选举居然办成了，民意机构居然组成了，各级民意机关居然参照近代的议会手续，针对当地需要而有“提案”“讨论”“决议”等程序了。千里之行始于足下。我们应当对这些略具地方自治雏形的机构加以鼓励，培其根柢，促其长成。消极的指摘没有多少用处。

有人也许会说，所谓“提名”“投票”“开会”“付议”等动作几乎随处受政府直接或间接的监视，甚至操纵。所谓“选民”，十之八九不了解什么是“民主”，什么是“民意”。因此当前一切都是假的。我的答复很简单：纵然我们怀疑政府还没有行宪的真心，这些“做假”的行动尽可证明政府已经明白承认实行宪政是无可延缓的建国工作。何况我们不能凭空咬定政府缺少行宪的诚意。纵然大多数的人民还没有力量去实行真民主、真宪政，现在的“粉墨登场”至少可以让他们得一点宪政的知识，尝一点民主的滋味。现在纵然作假，过些时候尽可弄假成真。照我看来，目前片面的成就已足令人对宪政前途抱无穷的希望。

也许有人要问，现在一般人民缺少政治知识和经验，我们有何保障不让将来的宪政被邪恶势力所把持操纵？我的答复是这样的：

> 我们一般民众的政治能力诚然不足，但宪政必须早行确是无可反对的主张。这是孙先生建国的目标，国民党既定的政纲，蒋主席明确的决策，国人殷切的愿望，世界潮流的趋势，时代逻辑的结论。我们生在这伟大的时代当中，明知宪政实行不易，也只有尽心竭力，勉为其难。

我又指出：

> 英国的宪政从发端到完成历时数百年之久。美法的宪政受英国经验之赐，也需时十数年或数十年才底于完成。其他欧美民主国的宪政也不是一蹴而就。明了这些历史先例以后，我们对于中国宪政的实行既不必着急，也不必害怕。（三十三年十一月十二日成都《星期快报》专论，《宪政二疑及其解答》）

我这些鼓吹宪政的论调，事后看来，不免过度乐观。

“异党”人士赞成宪政，但不满于国民党独掌政权的现状而企图分享政权。我在三十五年发表的《低调谈选举》一文中会对这种“企图”加以检讨：

> 据报载消息，青民两党颇注意于三党候选人名额的分配。这似乎不是一个理想的办法。（中略）民主宪政要以健全的选举为基础。健全的选举要以公开竞选为手段。三党商谈候选人（乃至

当选人）的名额，显然有背公开的精神。假使国民党果有支配各级候选当选人数的实力，青民两党要求分配名额便是无形中承认包办选举。假使国民党没有支配人数的实力，青民两党要求名额分配便是徒劳唇舌，贻人口实。笔者希望两党人士看轻一时的得失，着眼于宪政的成败，毅然决然，依照宪法第一百三十一条“各种选举之候选人一律公开竞选”的规定，各别提名，各自竞选，在竞选的活动当中表现最充分，最真实的民主作风。（中略）青年和民社在目前都是少数党。公开竞选，失败的成分可能较多。但这不是严重的事情。“大选”每六年或三年要举行一次。两党纵然一次失败，只要党品日高，党誉日隆，党员日众，何尝不能够在下一次或两次竞选的时候得到胜利。英国工党经廿余年的奋斗终能再度执政，便是一个先例。由公开竞选而当政总比由分配名额而共政要更民主，更有力，更成功一些。

同年稍后，我发表《中国政党的过去与未来》一文，作为行宪的一种参考，也算是给国民党的一项建议。我认为民元以来中国政党的演变前后可分三期，同时孙先生对政党政治的看法也随之有了改变：

在民国初建的几年当中，国民党在孙先生领导之下大体上以欧美式的普通政党自居。在这个期间，孙先生曾不止一次表示他对于政党的意见。例如民国二年一月，他向国民党员作如下的谈话：“今后之兴衰强弱，其枢纽全在代表国民之政党。各政党集一般优秀人物组织而成，各持一政见，活动于国内。（中略）吾国民党现在国内所占优势固有恃乎群策群力，但政党之发达不在势力强弱以为进退，全视乎党人智能道德之高下以定结果之胜负。（中略）至于对于他党除商榷政见而外，一切意气之争，匪特非所必要，且足以损党之荣誉。”

这些话充分表现了大政治家的胸襟和见识，不但是国民党员所当服膺，也是其他合法政党人士所应借鉴。

孙先生在同年另一演讲里说明政党与政府的关系：

> 一国之政治必赖有党争始有进步。（中略）本党将来担任政治事业，实行本党之党纲。其他之在野党则处于监督地位。假使本党实施之党纲不为人民所信任，则地位必至更迭，而本党在野亦当尽监督责任。此政党之用意也。互相更迭，互相监督，而后始有进步。（民国二年一月十九日在国民党茶会讲）

这些话精审切要，无与比伦，更是全国拥护宪政的人士所当倾耳敬听，努力实行。

从上面所举各点来看，可见孙先生在肇造民国的时候，主张实现英美等典型民主国家的政党政治，以为运用民权的一种主要方式。假使其他政党接受他的主张，官僚武人不阻挠破坏，中国的民主宪政定可早有成果。可惜的是，他们不能遵行孙先生的指示，初生的民国几乎归于夭折。用孙先生的话来说：

> 十年来名虽民国，实为官僚国。革命主义未行，革命目的未达。仅有民国之名而无民国之实。率至酿成袁世凯帝制自为，宣统复辟，武人专政，种种恶现象。（十年十一月在梧州对国民党员讲）

在恶劣艰难的环境中，孙先生修改了他的主张。党人的道德力量既不足以达成革命的预定目标，组织和宣传的工作必须加强。和平的党争既尚不能有效，国民党必须建立党军以为政争的后盾。实行宪政的条件既未备具，中国必须经过军政和训政之后才能够到达“全民政治”的境地。

国民党遵奉孙先生的遗教，循着军政、训政的途径前进。但十年来的努力，仍未收到预期的结果。“异党”秘密或公开组织起来。共产党（民国十年）、青年党（十二年）、“第三党”（十九年）、国家社会党（二十三年）先后成立。

抗战开始，中国政党发生再度转变。二十七年国民党临全大会通过《抗战建国纲领》，决议组织国民参政机关，完成地方自治以为实施宪政的准备。这些措施明白地显示了这转变。此后国民参政会的组织，地方民意机关的成立，定期实施宪政的决议，各党合法地位的承认，以及青年、民社两党的参加政府，都是这转变的具体表现。

综括上面的事实，可见民元以来，中国政党形势凡经三变。最初各政党公开并立，国民党在野活动。北伐以后国民党执掌政权，各党派大体上秘密活动。抗战期间，各党又公开并立，国民党开放政权，但仍为执政的主体。民国初年，孙先生昭示他的主张：以并立的政党运用民主政治，以政党的互相竞争，互相监督，保证政治进步。这是他的基本主张，也是民主宪政的基本原则。后来为了适应国情的需要，他提出了一党训政的过渡办法。但“还政于民”仍旧是革命的最终鹄的。现在各党公开并立，有一点像民初的局势。这不是退步，而是绕弯之后，回到民主宪政的正途。孙先生的基本主张终究趋于实现。

此时的局势与民初相较，有一个重要不同之处。国民党在民初是“野党”，现在是执政的主体，地位略同于“朝党”，有左右政局的力量。因此现在国民党的责任也重于民初。加入政府的青年和民社党诚然可分担一些责任，然而仅仅分责是不够的。为了获得正常的、有效的监督作用起见，必须要有健全的反对党。孙先生在民国二年欢迎共和党的成立，就是这个意思。

我指出一个树立反对党的原则：凡是拥护民主宪政而用合法的和平手段做政争的政党都有资格做忠实的反对党。执政党对这样的党，虽然忠言逆耳，也要雅量优容。优容的正当表示不是分让职位而是倾听诤言。孙先生民国二年对日本神户国民党员说，“各政党之中，若逢政策与自己意见不合之事，可以质问，可以发挥意见。逐日改革则无积滞。无积滞则无变乱之祸乱”。这段话可以做我们的南针。

我虽始终不会从政，但时常关心国事，并且撰写政论，贡献一偏之见，一得之愚，也算小尽匹夫的责任。借孔子的一句话来说，“是亦为政”。

一八、转徙东南

顾一樵兄约我到国立政治大学任教。我们一家由成都乘中国航空公司运货西上的回程飞机，在三十五年八月上旬的一个晚上到了南京。因为这不是定期航行的客机，我无法先期告知一樵起程和到达的时日。碰巧飞机乘客除我们一家外，有一位四川籍的政大学生度假后回校肄业。他与我攀谈，知道我们初次到京，没有住处，建议我们抵京后到介寿堂去接洽，必然有人照拂。我们从飞机场乘公共汽车在夜色苍茫之中到了南京市区，雇了几辆三轮车去到介寿堂。职员某君指引我们到一家旅馆住下。第二天上午我到学校去见一樵。他要我们搬出旅馆，在觅定住宅以前，暂住介寿堂里的招待所。我们在介寿堂二楼上住了四五个月才迁进学校代为租定的梅园新村四十四号住宅。这是一幢比较精致的小型西式楼房。房东王太太一家住楼下，我们一家住楼上。地点适中，交通方便。左邻是某“在野党”的办事处。每天来往的人不少，时常有集会或宴会，大有“座上客常满，樽中酒不空”的盛况。晚宴后的余兴不是胡琴聒耳的清唱京戏便是联席接座的雀牌戏。歌声牌响，每至深宵。一年之后学校另为我们租定建邺路一七四号一所新建的半西式平房。交通没有梅园新村方便，但环境幽静可喜。满拟在这里安住些时，但不到半年我们又由南京转徙到上海。

我在政大担任“中国政治思想”和“西洋政治思想”两门课程。这是我讲授多年的老套，不必用很多时间去准备。但上课之前我还要翻阅手边的教材，加入一些临时思索得来的见解，对学生讲述。我也鼓励他们提出问题，以资研讨。他们的态度诚恳朴实，没有一般学生的浮嚣习气。

到校约一个月左右，教务长约我在一个指定的晚上到校内与几位教授谈话。教务长与我本来相识，他介绍了在座的四五位教授之后，我们便开始谈话。他们提出许多有关孙先生学说的问题，要我表示意见。幸而我曾读过《总理全集》，虽然不敢说有心得，尚能勉强略窥梗概。对他们的质问也能够就我所知，一一作答。谈话将近两小时，教务长宣告散会。那晚的情形有几分像博士候位人的毕业口试。事后回想，觉得新奇有趣。

我们住在南京的二十二个月当中，国内局势迅速变化。私人生活既难安定，个人心情更趋沉重。除了偶然作一两首诗词，借以排遣外，我也曾抽暇去凭吊石头城内外的故迹。中山陵和谭墓当然首去瞻谒。玄武湖、莫愁湖、秦淮河、雨花台等处也有我的游踪。但怀念时局，忧悒的情绪毕竟难于避免。例如我到了南京不久所作的一首《鹧鸪天》词便是这种情绪的表现：

> 漂泊西南十载经。游仙枕梦已零星。鬓从三蜀新生白，山在六朝旧处青。　　桑下宿，水中萍。江潮声里认居停。枯肠暂饱长安米，兀坐寒毡亦独醒。

十六年春，国民政府定都南京。二十六年十二月，日军攻占南京。三十五年五月五日南京举行还都典礼。三十八年四月二十一日共军渡江。二十三日南京“失陷”。昔日号称“帝王之州”的金陵，而今在短短的二十二年当中竟已两换沧桑。

政治失调、经济崩溃显然是促成战后局势迅速恶化的主要因素。这两个主因交互激荡，极难抗制。这样一来，“土崩鱼烂”的征兆，随处可以看见。四川各地“抢米”“吃大户”的暴动就是一个显明的实例。我感觉事态严重，写过几篇时论，吁请国人注意。我在三十六年七月十三日各报纸刊登以“中国的政治病”为题的一篇“星期论文”曾这样说：

最触目易见的一个病态是贫富甘苦的极度不均。富者不只是“田连阡陌”，甚至存款充于外国银行。贫者不只是“地无立锥”，甚至一日三餐难有把握。这不是一个单纯的经济失调病，而是一个间杂的政治腐化病。贫富不均本是私产制度下难于避免的自然现象。假使政治大体清明，没有特殊势力垄断社会富源，赀财还大体上是勤劳的报酬，“公道”还可以补偿不平的缺陷。（中略）这是“资本主义”社会的正常健康状态。在这状态之中才能够有人权、民主、宪法、法治。现在的中国保持着私产制度，却不能保持资本社会的健康状态。特殊势力侵入政治，利用为众人办事的公家机构直接或间接地为私家谋利益。（中略）社会当中产生了一个有质无形的特殊势力集团。这个集团以外的人有三条路可走。一是钻营入伙，相助为暴。二是垂头忍受，静待危亡。三是大声疾呼，要求改革。走第三条路的人中不免有一些急进分子。对于现状的愤怒使他们言行激烈，甚至铤而走险，想用暴力去打破现状。这就是一般人所谓左倾。（中略）对这些左倾分子讲法治，讲宪政，自然是如水投石，听不入耳。（中略）

中国政治体的百病丛生不自今日始。在清末君主专制腐败至极的时代，中国曾得着“东亚病夫”的诨名。幸而在病势垂危之际，出了一位卓绝的医学博士，孙中山先生对症下药，加以救治。他用革命的外科手术割除了专制的污毒，用建国的三民主义去培养国家的元气。这一套内外兼疗，本末并治的医道是很高明的。不幸外科手术收了效果，内科疗养却不曾发生显著的作用。

民国十四年孙先生逝世的时候，军阀势力阻挠了民权民生主义的实行。十五年的北伐可以说是割除军阀污毒的外科手术。不料在内忧外患交攻之下，不但内科疗养不能迈进，特权集团的新污毒又发了。这显然又需要外科手术。（中略）

中国的病症到了今天已接近“膏肓”了，然而尚未达到不可挽救的绝境。现在是治疗的最后机会了。我们首先要用迅速的、断然的外科手术，把盘据在政府中、社会中的毒癌烂疮一齐剜去。厉民之官，偾军之将，激成民变，造作“金潮”的负责人都加以国法的公正裁判。笔者相信，早晨动了这个去腐的手术，下午就可看见回生的转机。社会由此开始树立公道，全国的人心可以振起，政府的威信可以恢复。这比任何宣言、文告、会议、协商的功效可以高出百倍。其次，我们要施行内科治疗，诚恳地、踏实地去推行民权民生主义。惟有接受“民为邦本”的古训，策动“政以为民”的新猷，才能争取民众。

我在同年八月十日发表的《别良莠，明赏罚，立法纪》一篇时论里重申去污除腐的必要：

树立法纪是第一步工作。否则法纪不张，百弊交集，军事上的胜利会被政治上的失败所抵消。推进民主，选举的结果会替劣绅豪吏造机会。推进生产，资财的收获会被权门奸商所吞蚀。

经济崩溃的危机到了三十七年更日趋严重。物价飞涨，金融紊乱，在南北都市当中，随处可以看见。齐如山先生七月十三日在北平写给陈纪滢先生的一封信里曾说到平津的情形：法币五六百万元才买到美钞一元。他代陈先生买进美钞三十三元，共付法币二亿零一百三十万元。款还不曾付清，美钞又上涨，一转手就赚了一千万元有余。陈先生在这封信的按语里说："这时候全国物价飞涨，一日数变。黄金美钞成了人人争购之对象。"他又说："此时距离政府改法币为金圆券的日期，八月二十九日，已不到两个月。"他在齐先生另一封信的按语里指出："大家有了法币不买黄金美钞，就囤集银圆。"改革币制的紧急措施完全没有用处。"等法币改了金圆券，及后来又发行银圆券，情形之糟，更不堪言状。"（《传记文学》第十五卷第一期。）

据我所知，少数有力量买金钞、囤银圆的人士已经有来日大难的感想。绝对多数的人（一般小公务员、学校教员、家无长物的小百姓）不但没有力量买金钞，银圆也不易到手。这些人更是走投无路。

我在将要离开上海的一天早晨，出去买一点船上需用的零星物件，发现大小商店的货物，不分贵贱，完全"失踪"，不免大吃一惊。我想任何乐观的人，面对着这番景象，恐怕也要说，"大势去矣"。（当时上海纷纷传说，政府严查操纵物价、鼓动金涨的奸商，一体惩办。某"闻人"的儿子囤积居奇也未被豁免。某"贵公子"囤集价值骇人的汽车和其他货物，虽被查出，但因某种"关系"，并不曾依法处置。第二天早晨，全市的货物便逃隐一空。这可能是没有根据的谣言，甚至是显有作用的恶意宣传。不过信以为真的大有人在。假使我们的政治体健无病，这种谣言不会发生，纵然发生，也没人会相信。）

我们一家到了上海寄居内弟铁安（迪铮）的寓所。在南京的时候，国立台湾大学校长庄长恭先生曾约我去任教。我因为我们到南京不过一年，惮于迁徙，婉言辞谢，说"以后再图效力"。现在局势骤变，上海显然难于久居。我写信给庄先生，问他是否仍需要我去。他回电表示欢迎。我们商定让我先去布置一切，等到就绪之后才接家眷前去。那时由上海去台湾的人突然多了起来，轮船上乘客拥挤，买票甚难。我奔走多天，毫无所得。幸好一位朋友因事临时变计，把一张房舱票转卖给我，才能成行。（在这种情形之下，全家同时去台，不啻“难于上青天”。）

到了台北才知道庄校长已回到大陆，行前嘱咐职员，在指定住宅之前，让我暂住校长公馆（名画家黄君璧先生那时也在那里下榻）。不久之后，蒙浦逖生兄照拂，内人带着一儿两女乘由上海开回台湾的最后一艘轮，渡海前来团聚。住宅既尚无着落，一家五口只好厚着脸皮，赖在校长公馆里。李济之兄到了台湾，前来看我。他和我小开玩笑说：“俨然校长。”我回答他说：“窘哉难民。”

屡次到总务处去探问住宅都没有结果。法学院长萨孟武先生对我说，安东街有一所学校分配给法学院教职员的住宅可以拨给我们，他写了致总务处的书面通知交给我，以便前去接洽。住处有了着落，我们当然欢喜。不料到总务处去探问，才知道这所房屋原为某体育教员（福建人）一家所住。这位先生另有高就，离校他去，但家眷仍旧住在里面，屡经催促，不肯迁出。同时听说庄校长已辞职照准，政府另任傅孟真先生长校，不久到台接事。我们的窘状可以想见。幸而学校想出一个应急的安排，在一所职员宿舍里拨房两间让我们暂且栖身。

傅校长到任后，我请求新任总务长设法，让我们从早迁住安东街的住宅。他叫校警队长斟酌办理。队长对我说：“我每天派警员去催。你们一切准备好，得着我的通知就立刻迁入，以防别人抢住。”我们照计行事，在一个秋天的上午搬进和平东路二段安东街四百十八巷十号居住。这所纯日本式的建筑物原来是台湾光复以前，台北帝国大学某日籍教授的住宅。结构小巧而精致可喜，可惜屋内的装设如窗帘、地毯等都被人卷取一空。地上的“榻榻米”（日本人所谓叠）和浴室内的浴池也糟蹋得污损不堪。小庭中的花木也多被摧残。这是“二二八事变”的创痕，抑是以前房客的“遗爱”，我无法知道，也未加追问。迁入之后，我请学校派人来帮着清除整理。随后我又添种一些花木。原状虽然不能恢复，破坏的痕迹总算大体上遮盖住了。

三十七年春天，四川大学转来美国华盛顿大学远东与俄国研究所（Far Eastern and Russian Institute，University of Washington）主任戴德华教授（George Edward Taylor）发来的电报，约我去任客座教授。我于民国十五年回国，到现在已将满二十二年了。抗战前我在清华、燕京的时候，可以在图书馆所藏的中西文书刊里窥见国内外学人新近发表的研究结果。抗战期间，僻居后方，交通梗阻，“精神粮食”的匮乏更甚于物质供应。成都各大学图书馆里极少近年出版的西文书刊。我不免感到孤陋寡闻，学业落后的苦闷，几次恳托知友代我留心出国进修的机会都还没有回音。这通电报突如其来，令我颇为惊喜，回电接受邀请。

离开南京以前，我到外交部领取了出国护照。到上海后我去美国总领事馆办入境签证手续。那时驻华大使是前燕大校长司徒雷登先生。承他给我一封介绍信，普通需要一星期以上的手续，不到一小时就办完了。不料领馆指定的医师在检查身体时，发现右肺尖上有一点结核病的阴影。他说：“美国法律不许有任何传染病的人入境。你的病很轻，大约疗养一年可以转入静止状态。那时就可以入境了。”我听了他的话当然颇为失望。幸而病不严重，可以安心调养。能否出国，只好且看将来了。

我去信把这情形告知戴德华教授。他回信说，希望我早日痊愈，前去任教和从事研究。我在台湾尽量疗养，到一九四九年夏天办好了美国入境签证。向台湾大学请假一年，九月下旬到高雄乘美国太平洋远东航线（Pacific Far East Line）的货船“中国熊”（China Bear）离台赴美。行期确定之后，我曾作一首小词，抄在下面，略见我那时的心境。

唐多令

月瘦不盈窗，花浓密压廊。坐秋宵雨后新凉。絮絮家人闲话里，聊快意，说还乡。　　久矣惯流亡，漂萍自在忙。乍回头一片沙场。到得海天空阔处，还更有，路茫茫。

货船票价较客船低廉，但设备简朴，航行迟缓。“中国熊”的乘客一共七人，分住三个房舱。我同一位退职的中国空军地上工作人员朱宗寿君（到旧金山去与他的美籍未婚妻结婚）和台湾学生黄藏修君（去芝加哥附近某神学院肄业）住一间房。康乃尔大学工程学系毕业生裴明龙君（去美国东部某处就业）和一位德国人同住一房。曾在救济总署任职的美国人贺耳君（Mr. Lovejoy G. Hall）同他的日本太太住一房。起居饮食一切安排颇为妥当。我们都感到满意。

十月中旬的一天上午，我和其他乘客在旧金山登岸。在中国航空公司驻美办事处服务的陈岳强兄事先得着我从船上发给他的电报，已在码头相候。他招待我在他的寓所下榻，第二天晚上送我到飞机场，珍重道别。故人厚意，至可感激。当晚十一点钟左右，我安抵西雅图（华侨们称为舍路）。远东与俄国研究所副所长梅谷教授（Professor Franz Michael）自己驾车从飞机场送我到大学附近的“明霓旅馆”暂时安歇。二次留美的生活于是开始。

一九、万里寄踪（二）·华盛顿大学十九年（上）

一九四九年我就任客座教授的时候，华盛顿大学的“远东”研究和教学工作已进行了十五年左右。因为主持人的努力和大学当局的协助，时间虽不算长，成绩已颇可观。不少人把“远东”（Far Eastern），“渔业”（Fishery）和“林业”（Forestry）相提并论，认为华盛顿大学三个有声望的单位（“Washington's Three F's”）。其实“远东”不是一个单位而是两个关系密切的组织：远东与斯拉夫语言文学系（Department of Far Eastern and Slavic Languages and Literature）和远东与俄国研究所（Far Eastern and Russian Institute）。两组毫不相关的语文并入一系，是迁就事实的一个安排。据说在创设的时候，不但学校拨给的经费很少，教授远东和斯拉夫语文的师资也极缺乏。因此“远东”与“斯拉夫”各立门户，自成一系为环境所不许。研究所同样是迁就事实的安排。（到了一九六九年秋季，经过三十多年的发展扩充，语文系和研究所才决定改组。“远东”与“斯拉夫”分为两个完全独立的语文学系。研究所在原则上也决定剖分为二。但因为经费和其他原因，暂时仍旧。）

语文系的主任和研究所的所长由戴德华教授兼任。研究所副所长由梅谷教授担任。（后来添设一位副所长。远东和俄国研究事务由两位副所长分领。）我到校时，讲授有关中国课程和从事中国历史、文化研究的同人为李方桂、施友忠、戴德华、梅谷、赖福来（Erwin Reifler）、卫德明

（Hellmut Wilhelm）等教授。戴原籍英国，抗战前曾在中央政治学校任教。梅原籍德国，曾在浙江大学任教。赖原籍奥国，也到过中国。卫是久居青岛的德国“汉学家”卫礼贤（Richard Wilhelm）的儿子，熟悉中国情形。当时教授级的同人当中没有一个是土生美国人。（这个现象后来慢慢地改变了。）教授以外有少数讲师（lecturers）、教员（instructors）和助理员（assistants）。助理员分两种：授课助理员（teaching assistants）和研究助理员（research assistants），全由成绩优良的研究生充任。前者几乎全是土生美国人。

华盛顿大学采行“学季制”（Quarter System）。一学年分为秋、冬、春、夏四个学季，每季十一个星期，其中授课十星期，余一星期留作季终考试之用。每星期五小时课程的分量略等于学期制（Semester System）每星期三小时的课程。学季制的优点是学生可以在三个“夏学季”里注册上课，提早一年毕业。短处是一个每星期五小时的课程，连日上课，学生不容易有充裕的时间去细读，多看参考书，去思索、考量在教室里所听见和书籍里所看过的一切。学期制的时间较长，学生有较多的时间去吸收，消化。

我每学季授课一门，每星期上课五小时。在十九年当中我所授的课程一共三门：“中国政治思想”（这是政治系的课，但有许多历史系和远东系的学生选修）、“中国社会制度”（这是远东研究所的课程，他系的学生，如人类学、社会学等系学生多来选修）、“中国政治思想及制度资料阅读”（这是远东语文系的课程，限于语文系和研究所的研究生选修）。中国政治思想是我的“本行”，讲授这门课程可以说是我分所当为，也乐于从事。研究所本来想让我授“中国政府”。因为这课由梅谷讲授有年，我不愿“喧宾夺主”。因此我坚决地推辞了。“中国社会制度”那时没有人讲授，我勉强“承乏”，后来成为研究所颇受欢迎课程之一。这是我始料所不及的。“中国政治思想及制度资料阅读”是我自己建议，学校核准设立的课程。我到校不久，发现许多研究生阅读中文书籍的能力不高，做研究工作时感困难。我又觉得若干颇负时誉的美籍大学教授所著关于中国历史的书籍论文，因为作者的中文修养不够充分，时有误会误解的论断。因此我不自量力，想帮助学生，培养一点阅读原始资料的能力。

我是华大研究院（Graduate School）教授之一，除授课外还有指导研究生的职务。各系主任按照每一名学生的学术志趣和研究范围，指定系里（或系外）具有研究院身份的若干教授组织一个指导委员会，并提请研究院长（Dean of the Graduate School）聘任。十几年当中我“指导”过的当然以远东研究所和语文系的学生为最多。我也曾被派参与指导政治学、人类学、历史学、地理学等系选择“中国”为研究对象的学生。

我也是远东研究所的教授，有参加研究工作的职务。研究所的工作在近年改变方针以前，以中国近代史为范围，并择定十九世纪为工作的重心。同人等各就兴趣所在，选定研究题目。梅谷、卫德明等建议我研究十九世纪的中国乡村。他们说，这个极端重要的题目，早想请人研究。但牵涉的问题既不简单，资料的搜集又不容易，十年以来，没有人肯应承。如果我能担任，那就好极了。我想“垦荒”工作诚然艰苦，但如肯耕耘，未必竟无收获。我安步于“政治思想”的熟路上太久了，现在正好借这机会，换一个方向，开一下眼界。我接受他们的建议。经过一番考虑之后，我决定了研究的步骤。我打算首先探察十九世纪中国乡村的形态和情况，然后考证清政府管制乡村的制度和措施，最末检讨政府管制对于乡村的影响和村民对于政府管制的反应。

搜寻有关的中西文资料当然是我的第一步工作。华盛顿大学图书馆所藏有关中国的书刊和研究所附设远东图书室所藏的中文书刊不能算丰富。所幸本校没有的资料，可以由“馆际借书”（Interlibrary Loan）的职员去信向全国各大学图书馆和国会图书馆（Library of Congress）的东方部（Orientalia Division）借来参考。从一九五〇年初起，到了一九五三年夏初止，我翻检了将近千种的中西文书刊，虽然研究时实际上引用的不过半数左右。

中文书里有关乡村生活实际情形的记载比较缺乏。幸好十九世纪到中国来游历、传教或做其他活动的西洋人士对各地乡村的实况偶然有具体而亲切的描写。本国人看惯了而不留意，或根本上不曾看见，像似琐屑而却有意义的许多事物，在这些人的眼里都很新奇，值得“笔之于书”。因此他们的记载可以补中国文献之不足。抗战以前我在天津南开大学，北平燕京大学、清华大学先后任教八年以上，一向住在郊外，对北方的乡村状况、乡民生活略有观察。抗战发生之后，我在成都乡间住了七年多（在一个普通的农家住了两年多），时常与乡民接触，因而对于他们的生活和心理颇能了解。现在把自己观察所得与中西人士所述相互比照印证，在选择和运用资料时便不至于茫然无据。

直接或间接有关乡村管制的中文书籍为数不少，但其中所载不免有一些是不着边际，甚至歪曲事实的“官样文章”，而不是可靠的实录。另有一些著作表示作者的偏见而不能当作客观的陈述。资料的甄别颇不容易。有时觉得某一记载未必可信，但因为别无可用的资料，也只好“疑以传疑”，姑且引用。我没有过目不忘的记忆力，或照抄原文，或撮取大意，写在四寸宽六寸长的纸片上，分类储集备查。几年之后，写存的纸片以千数，乡村生活的轮廓也在我心目中出现。

美国一般学者研究中国历史或文化，往往首先设立“假定”，然后搜寻资料来“证明”所设的假定。我不敢，也不能采用这种研究方法。我认为不曾认真研究过乡村生活而先设立任何假定是一个不很妥当的办法。我觉得三十年前，我在学生时代写毕业论文的一套方法还有用处：“放眼看书”、认清对象、提出假设、“小心求证”。但现在因为适应实际上的需要，我加以修改。“放眼看书”辅以“小心抉择”。这一步工作做得相当充分了，不必去大胆假设，假设自然会在胸中出现，不必去小心求证，证据事先已在眼前罗列。其实“假设”是”证据”逼出来的，不是我主观的、随意的构造。假设成立了，还要继续“看书”，继续“抉择”。如果发现了与已得证据相反背，或不符合的新证据，我也会被迫而修改或放弃先前的假设，另外提出假设，这与先前一样，证据是“前因”，假设是“后果”，并非事先修改旧假设或提出新假设，然后才去继续求证。

到了一九五三年秋天，收集和分析资料的工作大体上完成了，我开始草写计划中的《中国乡村》这部书。每章初稿写成后，印制复本，送交“中国近代史讨论会”（Modern Chinese History Colloquium）的同人，请他们阅读，然后到会，提供意见。他们的批评未必完全中肯，但时时指出我应该注意而忽略了的问题，使我受益不少。

这个两星期一次的讨论会是一种制度化的学术意见交换。每人提出他研究的初步结果，让同人自由检讨。提供的意见，作者有接受或拒绝的完全自由。与会的同人各就自己的学科观点（disciplinary approach）（哲学、文学、历史、社会、政治、经济等观点）发表意见，讨论的作用是个人意见的交换，也是学科观点的交流。同人各就自己的学科观点从事研究。意见交换，观点交流，让每一个人知道、了解别人的意见和观点，因之他对于自己的观点也有更清楚、更确当的认识。视界狭窄、观点孤立的现象便不容易发生。

一九五五年的秋天，《中国乡村》全书脱稿。研究所送华盛顿大学出版部付印。出版部照例送请校外两位专家审查。第二年夏末，审查意见书寄来了，两位专家一致主张付印，但其中一位认为篇幅太长，建议作者削减，并将书中引用的许多原始资料一概删除，由作者简述其大意。我想他的建议显然针对时下美国一般读者怕看冗长著作的“不耐烦”心理，而忽略了我著书的体裁和目的。这是一部“开荒”的初步著作。为了学力有限，我不希望在书中提出高深广泛的学理。我只想把寻得来的资料经过整理之后贡献给读者。这些资料的绝对多数从中文书籍中斟酌摘录，一一注明出处，译成英文，以使读者稽考、覆按或引用。如果全数删去而代以概述，这书的用处（假使有用处）便要减少。我在书中也提出了若干论断，同时把论断所据的资料一一列入，以便读者判定我的论断是否正确。这是我不惮其烦，引用许多资料的另一理由。如加以删除，读者便要失去这项便利。篇幅确是冗长（全书共约三十五万字。其中正文约二十四万字，附录三篇共约一万六千字，正文各章及附录的二千一百八十多条的注脚共约八万七千字），但我相信评骘学术性的著作应当考量内容的好坏，不必计较篇幅的长短。研究所的同人一致同意我的看法，决定不加删改，校订之后送出版所印行。研究所专任校订工作的古林女士（Miss Gladys Greenwood）正忙于校订另外一书，只好把《中国乡村》书稿暂时搁下，直到一九五七年春天才校订完毕。出版部没有自己的印刷厂，书籍都送交别处印刷。因为《中国乡村》书里有一些中国字，美国国内的印刷厂不能承印，只好向西德、日本、香港等处去接洽，因索价颇昂，久无端绪，最后决定用一种特殊方法，在国内印刷。一九五五年脱稿的书延到一九六〇年尾才出版发行。这书所述是历史上的陈迹，迟几年出版并无妨碍。

这书发行后颇承读者奖许，不久出售一空。因各处催问再版，终于一九六七年重印发行。除布面本外，另印纸面普及本。

《中国乡村》脱稿之后，我与研究所同人商量此后的工作。梅谷教授说："二十年前，我在北平的时候，与 Marry C. Wright 教授（先后在司丹福及耶鲁大学任教，现已去世）商得康有为次女康同璧女士（罗文仲夫人）的同意，把家藏南海许多已刊未刊的遗著摄影，携回美国。这些资料至今还不曾加以整理。康有为是戊戌维新的领导者，在中国近代史上占重要的地位。你如愿意把'康有为'作为你第二个研究题目，必然有满意的贡献，不辜负这些史料。"我审阅资料的时候，发现其中有不少是我写《中国政治思想史》时不曾见到的。读了这些遗著，使我觉得从前所下的论断有修正补充的必要。我决定从事"康有为研究"。

此后不久罗荣邦教授到校，加入远东研究所。他是罗夫人（康同璧女士）的公子，康南海的外孙，幼年时在上海曾受外祖父的训迪。他送给我《南海先生自订年谱》（抄本）、康同璧编《年谱续编》（油印本）、任启圣编《年谱补遗》（油印本）、康同璧编《万木草堂遗稿》（油印本）、康有为《诸天讲》（排印本）和其他几种不易得到的资料。（其中《年谱》和《诸天讲》是罗先生自藏，《续编》《补遗》和《遗稿》由罗夫人从“北京”寄交住在香港的南海长女康同薇女士转寄美国。）这些资料增加了我研究“南海圣人”思想和生活的兴趣。此外从本校远东图书馆和美国其他大学图书馆借来若干直接或间接的资料更给我以工作进行的便利。（我商得研究所的同意把梅谷教授带回的影片复制全份，又请罗教授把上列的和其他一些资料另备一套，一并寄存“中央研究院”近代史研究所，以便国内学者参考，并编印康氏遗著。）

研究的结果我分题做报告，在中国近代史讨论会提出讨论后，择要送交学术性的期刊先后发表。其中较受读者称许的有下列的几篇：《康有为与孔学》（*K'ang Yu-wei and Confucianism*）、《康有为的哲学思想：一个新综合的尝试》（*K'ang Yu-wei's Philosophical Thought*：*An Attempt at a New Synthesis*）、《君主立宪：康有为民主化中国的计划》（*The Case for Constitutional Monarchy*：*K'ang Yu-wei's Plan for the Democratization of China*），《经济现代化：就历史配景看康有为的主张》（*Economic Modernization*：*K'ang Yu-wei's Ideas in Historical Perspective*）［以上四篇交《华裔学志》（*Monumenta Serica*）于一九五九至一九六八年先后刊出］。《在乌托邦里进出：康有为的社会思想》（*In and Out of Utopia*：K'ang Yu-wei's Social Thought）（交《崇基学报》分三次于一九六七和一九六八年刊出）。《康有为的科学涉猎：诸天讲》（*K'ang Yu-wei's Excursion into Science*：*The Lectures on the Heavens*）［收入罗荣邦教授编译的《康有为：传记与论集》（Jung-pang Lo，*K'ang Yu-wei*：*A Biography and a Symposium*，Tucson，1967）］。

这些已经发表的论文合计约十二三万字。

二十多年前草写《中国政治思想史》的时候，我所看见康氏的著作不过是现在所看见的一小半。他的思想，我既不能有全面的认识，也不曾做深入的剖析。因此我的论断不免有舛误的地方。例如我说："康氏以立宪为保皇之手段，故其所号召者为假民权。托孔子以为变法之口实，故其所号召者为假维新。"多看他的著作，细研他的思想之后，我发现这个论断几乎与真相恰相反背。现在我认为这两句话可以改为："康氏以保皇为立宪之手段，其所号召者为渐进之真民主。谓孔子为改制之圣人，其所企求者实为制度与思想之一体维新。"我现在的看法也未必果然正确。但就我再思所得，发我今日所见，借以纠正前此的若干误解，或者可以说是遵行"过则勿惮改"的古训。

二〇、万里寄踪（二）·华盛顿大学十九年（下）

我在一九四九年受聘到美任客座教授的时候没有久居海外的打算。后来发现乡村研究工作既不能够短期内完成，学生（尤其是研究生）对我的教课又表示满意，戴、梅两教授和其他相熟的同人希望我不急于回到台湾，并且劝我接家眷来美，做久居之计。那时一儿两女都在台湾大学肄业。我想趁我在美国，让他们前来继续求学，也未尝不好。于是我决定“且住为佳”，向台大辞去教授职务，进行办理内人和儿女们入境的手续。一九五一年一月十九日他们在旧金山上岸。我到金山，陪同他们坐火车到西雅图。我们一家五口，分别年余，又得团聚。儿女们都进华大肄业：庆熙入经济系，庆华入艺术系（后转入建筑系），庆燕入历史系（毕业后入研究院学图书馆学）。

一年跟着一年过去，回台的原意终于打消了，学校也终于改聘我为常任教授（professor with tenure）。

一九六〇年美国学术团体协会（American Council of Learned Societies）授给我一项“人文学术卓著成就奖金”（“Prize for Distinguished Scholarship in the Humanities”）。这会是由全国三十个人文和社会学术团体所组织，同时是国际学院联会的成员（Member of the International Union of Academies）。我接到会长的通知真有不虞之誉，突如其来的感觉。我同着内人和次女到纽约去参加一月二十日举行的授奖宴会。到会者除受奖的十人外，还有应邀作陪的百多位学者。十人当中有语言学家、哲学家、神学家、政治学家各一人，史学家——包括思想史、文学史、政治史、美国史——共六人。主席在发奖前宣读奖状（citation），陈述给奖的根由。我的奖状说我“融合中西两个伟大学术传统的菁华”，说我少年时代著书论述西洋政治思想，表现了“创造性的灼见”（“creative insight”），说我写《中国政治思想史》，显示了“自辟蹊径的史识”（“great originality of conceptualization”），说我不仅是学者，也是“诗人、作家和哲学家”（“poet，writer，and philosopher”），说我平生任教，在美国和在中国一样，赢得了学生的“经久爱戴”（enduring affectic）。溢美过誉，我岂能当。奖状所提的一切只能说是我几十年来竭力求进而不曾达到的目标罢了。

国内外许多朋友（甚至一些素不相识的美国人士）陆续给我函电来道贺，盛意至可感激。我在给胡適先生的信里有这样的话：

> 自问居美十年，我实在没有值得称许的学术成绩。这项奖金真是“受之有愧”。柏克哈德会长的通知书里说：“这项奖金赠给你，是为了承认你的崇高学人地位，并且为了承认你在人文学术上的卓著贡献。”这样说法更使得我惭愧惶恐。好在我平日尚不曾发出过分荒唐离奇的主张，这或者可以告慰先生和各位友好。
>
> 会中邀内人和我于一月二十日到纽约聚餐，并接受奖金。她到了美国十年还不曾去东部“观光”，经我怂恿，她已同意前去。主要“论点”之一是不必自己花旅费。“穷措大”的打算，附带报告先生，以博一笑。

从一九四九年秋天到一九六八年夏天，我在华盛顿大学做了十九年的教课和研究工作。按照规定，教授年满七十，必须退休。我在一九六七年冬天已经满了七十。但因为我的生日在下半年，学校循例让我继续工作到本学年终了。因此我在一九六七年“冬季”授毕“中国社会制度”之后，接着在一九六八年“春季”（本学年最后的学季）讲授“中国政治思想”。学生知道我即将退休，争着来选修这课。一间大教室挤满了人，进来稍晚，得不着座位的只好站在墙边或坐在地上。五月三十一日我在华大授我最后的一堂课，结束我四十二年连续不曾中断的教学生涯。当下课铃响，我将要走下讲台的时候，坐着的学生一齐起立，鼓掌致意。在美国近年来教师尊严日趋下降的时候，我得着这样的礼遇，使我相信十九年的光阴不曾虚掷。我在走出教室之前对他们说：“当五十六年前一个春天，名哲学家兼诗人的珊达雅纳（George Santayana）正在哈佛大学授课的时候，一只知更鸟飞来站在教室的窗槛上。他注视这鸟一下，回过头来对他的学生说，‘我与阳春有约’（‘I have a date with spring’），于是宣布下课，跟着向学校辞职，退隐著书。他那时年纪还不满五十，竟已从心所欲，悠然而逝。我没有资格学珊达雅纳，但我知道一件他不曾听见的秘密。照十一世纪中国哲学家邵雍计算，世界上的事物，在十二万九千六百年后，一一完全重现重演。现在我与你们约定，十二万九千六百年后，我们在这间屋子里会面罢。”

学生对我的态度不坏，并不是因为我有高深的学理或奇妙的“师法”可以传授他们。只是年纪比他们大些，看过的书和问学的经验比他们多些，我可以帮助他们少走错路。老马虽不能“志在千里”，却有“识途”的一点用处。若干年来，我尽力量所及和时间所许，担负起老马的义务。任何学生就我商讨研究工作或提出有关学业的问题，我一体“来者不拒”。（有时候美籍同人参考中国书籍，发生疑窦，索解不得，来虚怀下问，我当然也举我所知。）

学生乐意来找我的主要原因，我想是很简单的。我提出意见时务求明白有据，不凭主观，不涉玄虚，不骛“理论”。他们如有误解错觉，我提出确切的理由和事实，以为他们自行检讨辨正的根据。假使有时彼此意见不合，只要他们持之有故，言之成理，我绝不强人从己。我不曾忘记四十年前我写博士论文时狄理教授给我的指示：“导师的职务不是把自己的见解交给学生去阐发，而是鼓励他们去自寻途径。”

我对学生谈话时偶然也提供一些持身处世的意见。我劝将要毕业的学生于就业时不要计较名位的高低，薪水的多少，而应当注意工作的机会是否良好。“尽其在己”，“莫问收获，但事耕耘”，是我常说的话。我相信欲速达，求速成是求学的一个魔障。

我在美国一住二十年。这固然是因为工作愉快，“人缘”不差，使我不想离去。但这不是唯一的原因。近几十年来美国若干大学先后设立了远东语文系和研究所。中国语言文学的传习，中国历史文化的研究，往往成为致力的主要对象。师资、图书、学生的数量陆续增加，“汉学”的重心逐渐从欧洲移到新大陆。这是可喜的现象。但过速的进展引发了一些缺漏，我不禁想就个人薄弱的能力所到，做一点补苴的工作。

对东方语言、历史、文化有真正兴趣，同时也有适当天资和学力的青年投身于远东研究，当然会有可观的成就。但主修中国语文、历史、文化的学生不一定是这样的青年。（其中可能少数是因为自信没有特出的天资或特殊的修养在有关欧美文化的学科中去显身手，又误会远东研究是一个方便的“冷门”，才走上这一条路。）不管学生本人的禀赋如何，中国研究并不是一道方便之门。别的不用说，一个绝不可少的敲门砖——运用或了解中国文字的能力——便很不容易到手。美国的大学中很少设置中文的课程，大学生多半是到了三年级（甚至进了研究院）才立志主修“汉学”，即使他们有“语言天才”也难于三五年中培成阅读中籍的能力。不能阅读中籍，当然便无力做名副其实的“中国研究”。西文的译述不能代替原文的“第一手资料”。有许多重要的中国著作还没有西文译本，或未经学者用西文论述。完全依赖译述，可能有“以讹传讹”的危险。运用不够充足的阅读能力去看中文书，更可能发生“郢书燕说”的错误。十几年来，我指导美国学生作论文或专题研究，发现其中阅读中籍还没有确实把握者不在少数，因此一有机会我便劝他们多抽时间，多用功夫去学习中文。我为研究生授一门中文选读的课程，企图给他们一点帮助。

各大学里有些研究中国历史的美国学者，不愿（或不能）广参细考中文书籍，但又必须时时发表著作，以便维持或增进他们的声誉，或博取升级加薪的待遇。天资高一点的会从涉猎过的一些资料中“断章取义”，挑出“论题”，大作文章。只要论题新鲜，行文流畅，纵然是随心假设，放手抓证的产品，也会有人赞赏。作者也沾沾自喜。这种作风竟有点像王阳明在《书石川卷》中所说：“今学者于道如管中窥天，少有所见即自足自是，傲然居之不疑。”哈佛大学远东语言系教授杨联陞兄于一九六〇年七月中出席中美学术合作会议时，比较中美学者的短长，指出中国学者长于搜集史料，美国学者长于论断史实。两者应当相辅相成，使前者不至于见树而不知林，后者不至于“把天际浮云误认为地平线上的丛树”。这是“一针见血”而出以含蓄的妙语。我平素所做带着“野狐禅”意味的工作不能代表中国学者的正宗法门，但也想对少数美国学者所走的方便法门有所匡救。

近年来美国各大学的“中国研究”有偏重“现代中国”而忽略民国时代和民国以前历史的倾向。福特、洛克菲勒等基金会（Ford Foundation, Rockefeller Foundation）捐拨巨款各大学推进“中共研究”工作，并为从事研究“现代中国”的学生设置丰厚的奖学金。为了便利向基金会申请助款，各大学中国研究的主持人自然会把中共研究作为工作计划的重心。学生为了获得奖学金也自然会选择现代中国为研究的对象。王充曾说，“知古而不知今，谓之陆沉”。就“经世致用”的需要说，研究现代是有用而重要的工作。但从学术立场来看，不知古而只求知今，不明了历史背景而只着眼于现状，研究的结果难免肤浅乖谬。

华盛顿大学远东语文系和研究所同人在过去若干年中致力于培养学生

们朴实的研究学风和阅读中籍的能力。照我估量，成绩还不算坏。若干东部“长春藤会”大学（Ivy League Colleges）的高才生，因为有取于华大的学风，不远千里，转学西岸来完成学业。但上面所指出的几个问题还不曾完全解决。在商讨研究计划的会议中，我时时提出研究过去历史的必要。同人劝我转入现代研究：我的答复是：“何必把所有的蛋放在一个篮子里呢？留几个坏的在外面罢。”

矫正“中国研究”的缺失偏差是在美中国学者的一个责任。虽然学植不厚，学力不丰，我也想在这方面略尽其责。

无课一身轻。我的生活较前悠闲一点，但不是无所事事。研究所的同人要我继续参加中国近代史讨论会。少数研究生要我“指导”，我与他们商谈种种研究问题。学校在我退休的时候送给我“退休教授”（Professor Emeritus）的聘函、退休教授身份证、校园停车证。我与华大尚未断绝联系。学校当然不给我薪水，但按照成规给我补助金，使教师保险及年金会（Teachers Insurance and Annuity Association）和联邦政府社会保险署（Social Security Administration）每月发给我的金额总数达到本人任职最后十年平均月薪额数的一个法定百分比。（任职愈久，百分比愈大，但以百分之五十为最高限度。）每月的收入足以维持生活，没有冻馁之虞。

结语

光绪二十八年（一九〇二）到民国十五年（一九二六）是我的学生时代。在这二十四年当中，我受过中西新旧方式不同的教育，得着国内外良师益友的训迪启发。父母双亡，国家多难，我的学业竟未曾间断。我是一个不幸环境中的幸运之人。求学的机会虽然良好，学业的成就却属有限。我最大的弱点是学勤而不能精，心长而才苦短。所幸尚有自知之明，不敢做平地起楼台的幻想，安分守己，只做一点畚泥垫路的功夫，希望能够便利别人罢了。我学业上的菲薄成就离师友们的期望甚远。但我深信，假使没有他们的扶持鼓励，这菲薄的成就也必不能有。他们的赐予是我无法忘怀的。

民国十五年到一九六八年是我的教学时代。这四十二年中，我先后或同时在国内十二个公私立大学——民国、南方、南开、东北、燕京、清华、北京（兼课）、四川、光华、华西、政治、台湾——和美国一个州立大学——华盛顿——授课。我不曾创“师法”，立“宗风”。我教学的工作，说不上有造就人才，弘扬学术的作用。我应当向学生们道歉。古人说，“教学相长”。他们有意或无意中鼓励我，使我学有所进，心得其乐。

我也应当向他们致谢。

“文章事大才难任，师友恩多报未能。”这是我问学谏往所得的感想。

民国二十七年我只身到成都，寄居异母弟晖人的家里。一天晚上继母与晖人、弟妇和我谈起三十多年前的旧事。她说：“你父亲早年也有出国留学的意思，为环境所限，不能成行。他自己刻了一颗‘万里寄踪’四个字的小石章来表示他的志愿。你能够到美国去求学，可以说完成了你父亲自己未遂的志愿。他如果在世，看见你回家来，一定会十分欢喜。这颗图章我保藏了多年，现在可以交给你了。”两年之后，继母因病下世。这颗浅黄色寿山石小印我慎重珍藏，不敢有失。先父手泽至可宝贵，更不敢有负继母的付托。我不能说果能善继先志，但学生时代留美六年，再度到美，一住便二十年，“万里寄踪”的意思，我总算实行了。

作者珍藏之“万里寄踪”印章

后记

一九六八年夏初退休之后，本打算从速完成这一篇回忆录的草写，无如屑事牵缠，思路迟钝，草写的工作时作时辍，拖延了一年多才能完稿。

一九六九年十一月八日附记